だいわ文庫

幸福のヒント

鴻上尚史

大和書房

幸福のヒントを読む前に

あなたは幸福ですか？

こう聞かれて、「はい、私は幸福です」と答える人はこの本を読む必要はありません。幸福をかみしめながら、この本を閉じて下さい。

この本は、「あなたは幸福ですか？」と聞かれて、戸惑う人達向けに書かれた本です。

多くの人は、「なんとなく不幸」だったり、「なんとなく退屈」だったり、「なんとなく不満」だったり、「なんとなく幸福」だったり、「幸福か不幸か分からない」と答える毎日を生きているような気がします。

僕自身、TV番組である女性を見るまでは、真剣に自分自身に、「私は幸福なのか？」と問いかけたことはありませんでした。

それは、イギリスに1年間、留学していた時のことです。

BBCのTVでガーデニング（園芸）の番組を偶然、見ました。

画面では、40歳前後に見える女性が、それはそれは楽しそうに自分の庭に咲くたくさんの花を紹介していました。

ただ、その花は、ひとつも植木鉢《うえきばち》やプランターには植えられていませんでした。空《あ》き缶や空きビン、ペットボトルを半分に切ったものに、すべての花は植えられていました。

僕は画面に釘付けになりました。BBCは、日本で言えば、NHKに対応するテレビ局です。つまりは、一番、〝ちゃんとした〟放送局です。なおかつ、その番組はゴールデンタイムに放送されていました。

日本の民放の番組なら「全部が、空き缶や空きビンじゃないですか!?　植木鉢とかプランターとか、ホームセンターで買ってこないんですか!?」と、お笑い芸人さんが突っ込んでも、全然、おかしくない風景でした。

でも彼女は本当に幸福そうに、「花の世話をしている時間が、一日の中で一番好きです」と、レポーターに向かって自分の育てた花を紹介しました。

どうやら、彼女が自分からガーデニングの番組に売り込んだのではないと分かりました。

番組のレポーターが街を歩き、彼女の庭を見つけたのです。そして、取材を申し込み、彼女は少し照れながら、けれど本当に嬉しそうに自分の庭を紹介していたのです。花は咲き乱れていましたが、お世辞にも、上品とかオシャレとかゴージャスとか言える庭ではありませんでした。

じつに庶民的な風景でした。花が植えられた空き缶はその多くが錆《さ》びていましたし、空きビンは食品のラベルが破れたまま残っているものもたくさんありました。

けれど、テレビにそれらを映されながら、彼女は本当に幸せそうに自分が育てている花を紹介していました。

彼女は、「花を育てることが自分の幸福だ」と決めているんだと僕は感じました。

誰かに自慢することが幸福なのではなく、育てること、そして咲く花を愛《め》でることが幸福なんだと感じているんだと確信したのです。

見せびらかしたり、自慢したりしたいのなら、ちゃんとした植木鉢やプランターが必要不可欠になります。お金がなくて、そういうものを買えないのなら、彼女は幸せの大部分を失うことになります。

とても、微笑みながら、テレビカメラの前に立てないでしょう。きっと、「今は空き缶ですけど、もうすぐ、プランターに変えるんです」「来週には植木鉢に移すんです」と言い訳しながら、花を紹介したはずです。

ペットボトルを半分に切った簡易植木鉢が恥ずかしくて、取材そのものを拒否したかもしれません。

人に見せて、自慢し、ほめられることが幸福だと思っているのなら、とても見せられない庭だと思ったでしょう。

ですが、BBCのゴールデンタイムのテレビに映った彼女は、本当に幸福な顔で、空き缶や空きビン、ペットボトルで育った花を紹介していました。

この花が好きで、この色が好きで、この花は昨日やっと咲いて、この花は去年はうまく咲かなくて、と次々と紹介を続けました。

一度だけ、レポーターがペットボトルを半分に切った簡易植木鉢を話題にしました。彼女は、「これがあるから、たくさんの花が育てられるの」と嬉しそうに答えました。

僕は、画面の彼女の微笑《ほほえ》みをじっと見つめていました。

彼女は、「自分が何を幸せだと感じるか」を決めている――花を見せることでも、自慢することでも、ほめられることでもなく、育てること、咲かせること、愛でることが、幸せだと彼女は決めている。

誰になんと言われようと、もし空き缶や空きビンをバカにする人がいても、彼女は少しも迷わない。だから、カメラの前で幸福に微笑むことができる。

僕はどうなんだ、と画面を見ながらつぶやきました。自分は、何を幸福だと決めているんだろう。自分は、誰になんと言われようと、これが自分の幸福なんだと確信しているものがあるんだろうかと考え込んでしまったのです。

「あなたは幸福ですか?」と聞かれて戸惑う人も、「あなたは幸福になりたいですか?」と聞かれたら、「はい」と答えると思います。

率先して不幸になりたい人はそんなにいないはずです。

でも、「幸せになりたい」と思うということは、「自分は何を幸せと感じるか」を決めることから始まるんじゃないかと、ガーデニングの女性を見て思ったのです。

彼女は、自分が幸福と感じることが何かを決めている。だから、ペットボトルや空き缶を使っても平気だったんだ。

じゃあ、僕は何を幸福だと考えているのだろう。

そう考え始めたのが、この本のスタートでした。

この本は、僕が自分自身の幸福を考える上で役に立った45のヒントを集めました。

この本は、多くの自己啓発本のように「これが幸福だ」とか「幸福とは気の持ちようだ」とか「幸福とは感謝だ」とか、結論をあなたに伝えるものではありません。

「私は何を幸福だと決めるのか？」という質問に、あなたが明確に答えられるように手助けをする本です。

だから、「幸福のヒント」なのです。

この質問に確信を持って答えられたら、「あなたは幸福ですか？」という質問にも答えられます。

そして、「幸せになるためにどうしたらいいか」という次のステップも見えてくると思うのです。

BBCの彼女が、自分の幸福は「自己流ガーデニング」だと決め、他人の目を気にせず、それに満足し、幸福になっているように。

この本を読みながら、「私は何を幸福だと思うんだろう？」と自分に問いかけてみて下さい。

時間がかかっても大丈夫。焦《あせ》ることはありません。分からないことに悲しむこともありません。どんなに回り道をしても、どんなに時間をかけても、ムダではありません。幸福のヒントを手がかりに、自分にとっての幸福を考えることが幸福へとたどり着く道なのですから。

あなたの幸福を決めるのは、あなた自身です。誰かの偉い言葉でも判断でもありません。あなたが、「自分は何を幸福だと感じるのか?」を決めて下さい。

さあ、それでは、ひとつひとつのヒントを味わってみましょう。

「私は何を幸福だと感じるのか?」

旅の目的はひとつです。どんなに時間がかかっても、どんなに試行錯誤しても、どんなに苦しんでも、どんなに迷っても、旅の目的が明確なら、旅の苦労の半分はもうすでに終えているようなものです。

安心して、旅立ちましょう。

『幸福のヒント』目次

幸福のヒント

1 「どうにかなること」と「どうにもならないこと」を区別する

「どうにかなること」というのは、あなたが頑張《がんば》ったら、なんとかなるもののことです。「どうにもならないこと」は、その逆で、あなたがどんなに頑張ってもどうにもならないものです。

学生時代、知り合いに身長160㎝ぐらいの男性がいました。彼は何かあると、自分の身長をグチりました。こんなにチビがモテるはずがない、女の子がデートしてくれない、俺はどうせダメなんだと言っていました。だんだん、その言葉を聞くのが嫌になって僕は彼から離れていきました。

僕からすると、彼は身長という「どうにもならないこと」をずっと、どうにかしたいと願っていると思えたのです。

でも、残酷なようですが、身長は「どうにもならないこと」なのです。どうにもならないことを、いつまでも言い続けるのは、ムダだしもったいないし意味がないし時間の損失です。

だって、身長が低くても魅力的な男性はたくさんいます。身長が低いということは、男として不利かもしれませんが、決定的なことではないのです。

ただ、知り合いの男性のように、自分で「それは決定的なことだ」と決めた人だけには、間違いなく決定的なことなのです。

「どうにもならないこと」には、家柄とかスタイルとかルックスとか人種とかがあります。

美人やイケメンに生まれなかったことは不利ですが、それをいつまでも嘆《なげ》いてもしょうがないと思うのです。

それに、あなたの周りにいませんか？　とりたてて美人じゃないのに、表情が豊かで、なんだか魅力的な人。きっといると思います。そういう人は、表情の貧しい美人より、はるかに人気があったりします。

どこの世界にも、「どうにもならないこと」は早急に諦《あきら》めて、「どうにかなること」を追及する賢い人がいるのです。

自分は確かに美人やイケメンに生まれてこなかった。それは悔しいし、不利だ。でも、だからこそ、「どうにかなること」で勝負しようと意識を変えた人はたくさんいるのです。表情も洋服も知識も教養もセンスも学問も話術も全部、「どうにかなるもの」なのです。

「結局、女はイケメン好きなんだよなあ。『ただし、イケメンに限る』だよ」と居酒屋でグチっている男性がいます。そういう人が、オシャレだったり、トークが上手かったり、女性にとっての興味深い情報をたくさん知っていたりすることはあまりないでしょう。「どうにもならないこと」を嘆く時間より、「どうにかなること」を追求し、自分を磨く時間が圧倒的に少ないからだと思います。

僕は自分のことを「ぶさいく村」に生まれたとよく書きます。自分自身、大学1年生までは、「俺、そんなに悪い顔じゃないよね」とのぼせ上がっていました。

大学に入り、演劇サークルの新人になり、奴隷のようにこき使われて、へとへとになる生活が始まりました。ある夜、演劇サークルの作業を終えて、銭湯に行きました。下宿していたアパートは風呂無しだったからです。

疲労で脱衣所でボーッとしていると、隣にぶさいくな男が立っていました。誰だ、ぶさいくだなあとよく見ると、鏡に映った自分の顔でした。

これは衝撃でした。

私達は、鏡を見る時は、「今から鏡を見る」と意識的にも無意識的にも身構えます。少し緊張したり、顔を引き締めたりして、結果、普段の顔より鏡に映っている顔は20%ぐらいいい顔になっているのです。逆に言えば、普段の無防備な顔を見ることはあまりないのです。

ところがこの時は、あんまり疲れていたので、自分のいつもの顔を見てしまったのです。

僕は思わず、「こ、こんなにぶさいくなのかあ！」と震《ふる》えました。

そして、「俺はけっこういい顔をしているから俳優になろうと思っていた。でも、この顔だぞ。この顔で、どこまで俳優の階段を上がれるんだ？　それより、作家とか演出家の方が、より高い場所までいけるんじゃないか？」と結論を出すまでにそんなに時間はかかりませんでした。

もちろん、作品を書くのも創るのもその前から好きでした。が、自分はその時までは、役者が一番、作家や演出家は二番と思っていたのです。

その時、僕は、「どうにもならないこと」と「どうにかなること」を区別したのです。そして、たくさんの本を読み、演劇の歴史を研究し、演出術を調べ、作品を見まくって、つまり、「どうにかなること」を追求して、現在、プロの作家・演出家になったのです。

あなたはどうですか？「どうにかなること」と「どうにもならないこと」をちゃんと区別していますか？

それとも、「どうにもならないこと」をどうしてもどうにもならないと思えずに、苦しんでいますか？

幸福のヒント

・あなたの悩みは「どうにかなること」だろうか、それとも「どうにもならないこと」だろうか？

・「どうにもならないこと」と「どうにかなること」を、それぞれ書き出してみる

2　思い込みから少し自由になる

アメリカのある大学の出来事です。

あんまりカンニングが多いので、監督官を一人、増やしました。もともと、教室正面の教壇に一人いましたが、もう一人は、正面の窓側に座ったのです。が、カンニングはまったく減らず、前後や隣り合った生徒の答案は同じ答えが続出しました。

ところが、ある時、カンニングが激減することが起こりました。前後、隣り合った生徒の答案には、同じものがなくバラバラでした。

驚いた学校側は、監督官にどうしたのかと聞きました。監督官は、いつもは教室の前に座っていたが、その日だけは、教室の後ろに座ったと答えました。

それだけでした。それだけなのに、カンニングは激減したのです。

学校側は、今度は生徒たちにインタビューしました。どうして、カンニングをやめたのか正直に教えて欲しいと。生徒は「監督官の姿が（後ろに回ったので）見えなくなった。だから、ひょっとしたらじっと自分を見ているのかもしれないと思った」と口々に答えました。

実際は、教室の後ろに回った監督官は、窓際に座り、窓の外をぼんやりと見ていたそうです。

でも、監督官の姿が見えなくなったことで、生徒達は、「自分は見られているのかもしれない」と思い、「だから、カンニングはできない」と怯《おび》えたのです。

この出来事が教えてくれることはなんだと思いますか？

それは、人間が人間を縛《しば》る最も強いものは、「外部の命令」ではなく「自分自身の内なる思い込み」なんだということです。

どんなに学校側が「カンニングはやめなさい」と言っても、生徒たちはカンニングをやめませんでした。

でも、「見られているかもしれない」という思い込みが、見事にカンニングを止めたのです。

人は、他人の命令ではなく、自分の思いによって縛られるのです。

よく「あたし、そういうの生理的にできない人なんだよね」とか「僕はそういうのダメな人間なんです」と言う人がいますが、生理的にダメにしたのは、他人ではなく、自分なのです。自分で自分はそれがダメと決めたのです。だから、自分で決めたことなのだから、自分で変えられるのです。

他人が決めたことなら、自分がどんなに頑張ってもムリです。でも、自分が決めたことなのだから、変えようと思ったら、一晩で変われるのです。

このカラクリが分かれば、自分の思い込みから少しは自由になれると思います。「身長が低い男はダメだ」と決めたのは、じつは自分です。「イケメン以外、恋はできないんだ」「可愛くなければ振り向いてくれないんだ」と決めたのは、全部、自分なのです。

そんなことない、そういう目にあってきたんだ、という人もいるでしょう。面と向かって「チビは嫌いなの」「ブスは黙れ」と言われたことがあるかもしれません。でも、それは、後ろにいる監督官から「君、今カンニングしているね」と一回、言われたことと同じです。いつもいつも、見られていると決めつけることとは違います。

毎回、必ずカンニングは見つかるんだと決めつけることと、「チビはダメなんだ」

「私はブスだから恋はできない」とずっと思い込むことは同じです。

でも、一回起こったことが、永遠に起こるとは限らないのです。

だって、一度、交通事故にあったりヤクザにからまれたからと言って、残りの人生、毎週、交通事故にあったりヤクザにからまれると決めつけるのは変でしょう。


「思い込みから少しは自由になる」と、少しと書いたのは、いきなり、自由になるのは難しいだろうと思っているからです。


あなたの思い込みは、あなたが作りました。もちろん、そう思い込んでしまう出来事が何回かあったのかもしれません。でも、それは、毎週ではないし、毎日起こったわけではないでしょう。もし毎日起こったとしても、それが残りの人生でも、間違いなく毎日起こるなんていう「絶対」はないのです。

だから、少しずつ、その思い込みを変えていけばいいのです。


僕の知り合いに、「どうせ私はダメだから」という言葉が口癖の女性がいます。家庭環境を聞けば、幼い頃から不幸で、両親は離婚し、経済的にも苦しく、父親母親、それぞれに問題があり、彼女に依存して彼女を苦しめていました。

でも、厳しいことを言うようですが、その事実と、「どうせ私はダメだから」という言葉が口癖になり、人生を悲観し、自己嫌悪にひたることは、イコールではありません。

そういう事実があっても、それに打ち勝とうとする人もいます。

不幸な家庭環境で育ったということは、「どうにもならないこと」です。それを嘆いてもしょうがありません。

でも、だから自分に自信がなく、自分を愛することができず、自分を否定してしまうことは、「どうにもならないこと」ではありません。それは、「どうにかなること」です。

それは「どうにもならないこと」だと決めつけている思い込みは、自分で作りました。

でも、どんな思い込みも、完全に信じるまでに強く思い込むようになったのは、外部の原因ではなく、自分なんだというカラクリが分かれば、少しはその思い込みから自由になるのです。

自分はどうしてそう思い込んでいるんだろうと、自分の思い込みを見つめていくことは、自分の思い込みから少しずつ、自由になっていくことなのです。

不幸だからしょうがないんだと、自分の思い込みを絶対のものだとするのなら、ヘレン・ケラーの言葉を書いておきましょうか。

知ってますね、三重苦のヘレン・ケラー。2歳の時に高熱にかかり、一命は取りとめたものの、聴力、視力を失い、言葉もしゃべれなくなった女性です。映画や演劇的には『奇跡の人』ですね。

「世の中はつらいことでいっぱいですが、それに打ち勝つことも満ち溢れています」

という言葉や、

「自分でこんな人間だと思ってしまえば、それだけの人間にしかなれないのです」

「人生はどちらかです。勇気をもって挑《いど》むか、棒にふるか」

「人の苦しみをやわらげてあげられる限り、生きている意味はある」

『奇跡の人』を知っていると、音のない暗闇の世界から這《は》い出した人がこういう言葉を語ることのすごさを、よりリアルに感じます。

ただし、西洋の人達は、一神教という強い神に支えられている、ということも知っておいた方がいいでしょう。

宗教はそういう役割があります。最後の最後、本当に絶望している人、本当に苦しんでいる人、本当に悲惨な人を救済する役割です。

ヘレン・ケラーはこう言っています。

「私は、自分の障害を神に感謝しています。私が自分を見出し、生涯の仕事、そして神を見つけることができたのも、この障害を通してだったからです」

一神教の神と無縁に生きる人達は、「どうにもならない」という思い込みを捨てることが大切なのです。

幸福のヒント

・「どうにもならないこと」は何だろうか？　それを決めたのは誰だろうか？　考えてみる

3 真っ白であることを楽しむ

「自分が何をしたいのか分からない」状態は、不安や焦《あせ》りを生みます。

ですが、その状態をちゃんと経験することはとても大切なことだと思います。

僕は30年以上、演劇の演出家をしていますが、伸びる俳優は、「真っ白な状態で演出家の前に立てる人」です。

俳優は、家で台本を読みます。熱心な人だと、資料を読み込んだり、関係者にインタビューしたりもします。それだけのことをして、いざ、稽古場でセリフを言う時は、真っ白な状態で相手役と話し、演出家の指示を待つのです。

困るのは、稽古場に来た時は、自分のセリフの言い方と役柄のイメージを完全に決めつけている人です。キャラクターをきっちりと固めていて、もうどんな指示を出しても、相手がどんな言い方をしても変わらなくなっている人です。

真面目で不安な人とか、真面目で繊細な人に多いです。いずれにせよ、真面目だから、そうなるんだと思います。

そういう時、僕はいつも「タオル」の譬《たと》えで説明します。いろんなものを吸収するためには、タオルは乾《かわ》いてないといけないのです。

いろんな知識やイメージで水浸《びた》しのタオルは、びちゃびちゃで何も吸収できません。それでは、相手が何を求め、自分は何を求められているのか、この瞬間、自分は本当はどうしたいのか、自分はリアルに何を感じているのか分からないのです。それは、さまざまなものを吸収し、変化するきっかけを失ってしまうということです。

これから大切な人に会うとか、重要な発表やプレゼンをする時に、練習した言い方そのものを丁寧《ていねい》に繰り返す人がいます。そうすると話す方は安心します。が、聞く方は、「今、ここで話されている」という感覚が薄れます。マニュアルトークを延々《えんえん》と続けられているような、録音を聞かされているような気持ちになるのです。

それは、真っ白な状態を楽しんでないということです。事前にいろいろと準備しても、その瞬間になったら、すべてを忘れて、真っ白な状態でそこに立つのです。そうすれば、「今、何が必要か」「今、何を話せばいいか」「今、何が求められているのか」を感じることができるのです。

もちろん、準備は必要です。

「対談の名手」は、事前に周到な準備をしても、いざ、話し始めたら、話題のままに漂《ただよ》うのです。

周到な準備、つまり相手に対する調査をしているので、漂っていても、立ち寄るべきポイントポイントは分かるので、楽しく「対談という旅」を続けられるのです。

下手な話し手（インタビュアー）は、決めた順番に黙々と進めていきます。相手が何を話したいとか、今、どう思っているのかを感じることなく、ただ、事前に決めた内容を粛々《しゅくしゅく》と続けていくのです。

素敵な旅番組も、同じ構図です。事前に周到な準備をして、いざ、旅を始めると、そこで出会った人、起こったことを楽しむのです。つまらない旅番組は、そこで何が起ころうと決めた段取りを絶対のルールとしてやり続けるのです。

周到な準備をしたのに、それを捨てて、いきなり出会った面白い人を取材する、という決断は、かなりの勇気を必要とします。けれど、これから何が起こるか分からないという「真っ白な状態」を楽しむ勇気と決意さえあれば、まだ見ぬ幸福と出会う確率が高まるのです。

何を見ても、何を経験しても、「面白くなかった」「発見はなかった」「予想通りだった」と感想を漏《も》らす人は、思い込みを捨てないまま、真っ白な状態を楽しんでない可能性が高いのです。

それは、別の言い方をすると、「未来が見えないことを楽しむ」ということです。

未来が見えないということは、なんでもありだということです。なにも決まってないということは、何でもできる可能性があるということです。未来が見えないことを不安に思うのではなく、未来が見えないからこそ、可能性は無限にあると考えるのです。

あなたは、土曜の夜、日曜の予定が何もないと悲しくなる方ですか？　日曜のスケジュールが1日、びっしり決まってないと不安ですか？

僕は、明日何も決まってないこともワクワクします。もちろん、みんなで遊園地に行くとかデートをするとか、楽しいことが決まっていたら嬉しいです。

でも、何をするか決めてない、決まってない、ということをマイナスだけに考えてはもったいないと思うのです。

ぶらり旅も計画した旅と同じぐらい楽しいじゃないですか。ぶらり旅を、なにも見えない旅としてネガティブに否定するのは、悲観的すぎると思うのです。
何も決まってない、ということは、なんでも起こる可能性があるということです。
その可能性にワクワクしましょう。

幸福のヒント

・週末に予定を入れないことを楽しんでみる

4　判断を一時、保留してみる

水浸しのタオルのように、思い込みにしがみつく俳優は、とても困ったタイプですが、じつは、もうひとつ困ったタイプがあります。

それは、「自分が納得できる『ダメだし』だけを聞く俳優」です。

俳優は演技をします。演技のあと、演出家から「ダメだし」と呼ばれる、さまざまな指示・アドバイスを受けます。

「あのセリフはそこまで怒って言わないで欲しい」とか「もう少し、早足で去って欲しい」とか「あの言葉は、もう少し大きな声で言って欲しい」とかの、さまざまな指示です。

（西洋では、「ダメだし」とは言わず、ただ「ノート」と言います。「ダメだし」は、じつに日本的な言葉だと思います。ネガティブなこと、マイナスなことだけに注目する言葉です。それは、幸福のヒントから最も遠いことだと思うのですが、それはまた、別の話)。

ある俳優が、ひとつの作品を演じて、演出家から5つ、ダメだしを受けたとします。伸びる俳優は、その5つをなんとかやってみようとします。

困る俳優は、「自分に理解できる『ダメだし』だけをやろう」とするのです。自分に理解できる、ということは、自分の器《うつわ》の範囲内ということです。自分に理解できることだけをやるということは、今の自分の器の中だけで処理する、ということです。つまり、今の自分のレベルのことだけをするので、今の自分を超えることは絶対にない、ということなのです。

この言い方、分かるでしょうか?

狂言師の野村萬斎《まんさい》さんと話した時のことです。子供の頃から、さまざまな役を振られたと萬斎さんは言います。静かな役や激しい役、豪放な役、インテリの役。そのたびに、激しく指導されたと言うので「自分にあってない役を強引に振られて、それで怒られたら、なんだか切ないですよね」と言うと、「いえ、自分にあっている役だけをすると、自分の柄《がら》を超えることができませんから」とさらりとおっしゃいました。

つまり、自分の得意な役ばかりやると、いつも、現在の自分を肯定しているだけになり、絶対に変化し成長することはないということです。

自分にまったく不得意な役、理解できない役をやるから、自分の柄を超え、自分の柄を変えていくことができるのです。

よく分からないけれど、とりあえず従ってみよう、やってみようと思うことが、変わるためには大切なのです。

僕は25歳の時、オールナイトニッポンというラジオの深夜放送のDJをすることになりました。何回目かの生放送の時です。「今週、僕はこんなことをしましてね」と話していると、副調整室にいるディレクターがインカムというヘッドホン越しに話しかけてきました。各ラジオ局ごとにスタイルがあるのですが、ニッポン放送では、DJはインカム（片側だけのヘッドホン）をするようになっています。インカムを通じて、ディレクターが「そろそろ、話をまとめて」とか「その話が終わったらCM入ります」なんていう指示が飛ぶのです。

今週の出来事を話していると、ディレクターが「鴻上、ポケットに小銭、入ってる?」とインカムを通して聞きました。僕は話しながら、副調整室にいるディレクターに向かって、うなづきました。

僕はサイフというものを持っていません。サイフを持つと、落とした時、すべてを失う——というポリシー（？）で、サイフを持ってないのです。なので、ポケットにはいつもいくらかのお札と小銭が入っています。

「じゃあ、その小銭をポケットから出して、いきなり、テーブルにばらまいて」

ディレクターの声がインカム越しに聞こえました。僕は話しながら「？」という顔を見せました。「とにかくやってみて」ディレクターは、さらに言いました。

僕は今週あった出来事を話しながら、ポケットから小銭をつかみ出し、いきなりテーブルの上にばらまきました。チャリンチャリンという音が響きました。「今、何やったか、すぐに説明して！」とディレクターがインカムを通して言いました。

「今、僕は小銭をテーブルの上にばらまきました」

そう言った瞬間、「オ〜ルナイトニッポ〜ン！」というジングル（短い音楽）が流れて、CMに突入しました。

僕は一体、何が起こったのか、まったく理解できませんでした。

そのまま、ディレクターはなにごともなかったように、CMの間に、次のコーナーの注意点を僕に説明し始めました。

「あれはいったい、なんだったんだろう」と思いながら、ディレクターは何も言わないので、そのままにしました。

1年ほどして、部屋を整理している時に、その時の放送の同録テープというものが出てきました。この当時は、カセットテープで生放送を全部、同時録音して残していたのです。

あれはなんだったんだろう、どうして小銭をテーブルの上にばらまいたんだろうと思いながら、聞き始めました。

「今週、僕はこんなことをしましてね」と話し出したトークは、もたついていて、面白くありませんでした。1年間しゃべり続けた結果、自分のトークの未熟さがよく分かるようになっていたのです。単調なトークが続いていた時、突然、チャリンチャリンと小銭の音が響きました。「今、僕は小銭をテーブルの上にばらまきました」そう言った瞬間、オールナイトニッポンのジングルが流れて、CMに突入しました。

驚く展開でした。

いったい、このDJはどんな奴なんだ⁉ どうしてトークの途中でこんなことができるんだ⁉ と、自分がやったことなのに、思わず引きつけられました。そして、1年前、どうしてディレクターが、僕にこれをやれと言ったのか分かったのです。

25歳、演劇の世界では徐々に知られてはいましたが、全国レベルでは無名だった僕に興味を持ってもらうためには、単調なトークを聞かせるよりも、話を突然切断して小銭をテーブルにばらまき、CMにいきなり突入した方が、はるかに有効なのです。

ただし、1年前にこのカラクリを説明されても、僕は理解できなかっただろうという確信があります。この狙いを理解するためには、まず、自分のトークが単調だと気づかないとダメなのです。が、自分のトークが単調で面白くないと気づくのは、じつはハードルが高いのです。トークが下手な時は、ただもうトークをすることに一杯いっぱいですから、自分のトークを客観的に見ることは難しいのです。

ですから、どんなに説明しても、このカラクリは僕の柄というか器を超えているので、僕は理解できなかったと思います。

自慢だと思われたら困るのですが、いえ、ちょっとだけ自分をほめたいのですが、その後、僕のトークが上達し、オールナイトニッポンの一部に昇格したのは（この時は深夜3時からの二部でした）、「自分ではよく分からないけれど、とりあえず、ディレクターの指示に従ってみる」という「判断を一時、保留」できたからだと思っているのです。

もちろん、いつでも、僕は判断を保留しているわけではありません。このディレクターと話し、例えば、ディレクターが見た映画の感想とか、番組へのアイデアなど、

「この人は有能だ」と思ったから、「判断を一時、保留」して、ディレクターの指示に完全に従ったのです。

人に相談を持ちかけて、聞いているフリをしながら、自分に納得できる所だけを取り入れる人は多いです。今の自分が未熟で問題がうまくいかないから相談しているのに、今の未熟な自分が納得することしかやらないなら、問題は解決するはずがないのです。それは、ただ、「相談した」という安心感が欲しいだけになります。相談して「納得できないんだけど、この人が言うんだからやってみよう」というジャンプができた人だけが、未熟な自分を変えることができるのです。

僕は演劇系の大学で教えているのですが、最近、どの大学でも「シラバス」と呼ばれる授業計画をとても詳しく書くことを求められます。日本のどの大学でも、「とにかく学生が理解しやすいように、詳しく、詳しく」と求められるのです。

が、本当の学問というものは、未知の荒野を手さぐりで歩いていくものです。いきなり、全体を俯瞰《ふかん》して、見通しのいい地図を渡して、それから歩き出しては、本当の意味でスリリングな学問の旅はできないのです。

特に日本の修行系のものは、全部そうです。能・狂言などの芸能も、空手や柔道の武道系の修行も、寿司職人や大工さんなどの職人系の修行も、ひとつひとつ、階段を上りながら、そこでぶつかることに対処することが修行の意味であり、成長の基本なのです。

先が見えない世界で、階段をひとつひとつ登ることに意味があるのです。その時、「修行全体の見取り図」なんてものを渡されて、「ここでこれを知って、次にこれをやります」なんて書かれていたら、本当の修行ではなくなります。修行を始める前に頭だけで知ったことと、実際に体験して知ったことは全然違うのです。

階段を一歩一歩登るためには、師匠の言ったことに対して、「判断を一時、保留」する必要があります。全体を俯瞰して、納得してから修行するのなら、それはずっと判断し続けていることになります。それでは、未知なものに出会い、混乱し、理解不能なものを楽しむ、という「あなたが変わるかもしれないきっかけ」を失ってしまうのです。

冒頭、ガーデニングの話をしました。多くの人は、ガーデニングの経験がないまま、イギリスの彼女の行動をジャッジしたはずです。空き缶や空きビンなんて理解できない、と批判した人もいるかもしれません。問題なのは、「ガーデニングを一度でもやってみないと、彼女の気持ちは分からないなあ」と「判断を一時、保留」することなく、いきなり、頭で「ああ、ガーデニングが幸せなんだ。平和な人だなあ。暇なのかなあ」と評論することなのです。

「判断を一時、保留してみる」は、別の言い方をすると「とりあえず、やってみる」ということです。

頭でいろいろと判断する前に、とにかくやってみる――。

最悪のパターンは、事前に頭で全部知ったつもりになって「それは意味がない」とか「それは面白くない」と言って終わらせる人です。俳優にもいます。「このセリフは面白くない」「このシーンはつまらない」とやる前に頭だけでジャッジする人です。まず、セリフを覚えて、ちゃんとやってから、つまりは体を動かしてから、判断することが必要なのです。

「とりあえず、やってみる」ことができれば、幸福と出会う意外なきっかけになる可能性は高いです。

ただし、ひとつ気をつけなければいけないことがあります。

「とりあえず、やってみようよ」というのは、高額でインチキな壺なんかを売りつける霊感商法で有名な新興宗教の人達やブラック企業がよく使う手口です。いくら口で説明してもよく分からないと思うから、とりあえずやってみよう。やってから、自分にあってないと分かったら辞《や》めればいいじゃない——そんな言い方で、詐欺商法も新興宗教も反社会的集団もブラック企業も、相手をまるめこもうとします。

日本人が、西洋人のように自分の意見を言って相手とぶつかっても平気なら、とりあえずやってみて断るという方法もありです。が、日本人は、「世間」という集団の中で生きてきましたから、なかなか「とりあえずやってみたけれど、自分には合わないから辞めます」とは堂々と言えないのです。つい、相手の気持ちを考えたり、嫌われたくない、なんて思ってしまうのです。

ですから、判断を一時保留して、とりあえずやってみる時は、僕のラジオのディレクターのように「こいつなら信用できる」とか「こいつは面白い」「こいつは切れる」「こいつのセンスはすごい」と思える場合だけにして下さい。

逆に言えば、「こいつはすごい」と思っているのに、その判断にのっからないのは、貴重なチャンスを失うことになってしまうのです。

幸福のヒント

・未知のものに出会うことを恐れない

・信用できると思う人のアドバイスをとにかくやってみよう

5　若い時ほど保守的である

「とりあえず、やってみる」と決意しても、飛び込むのは怖いものです。相手はどうも信用できそうだけど、判断を一時保留して、求められていることをやるのは、怖い。そう思う人も多いでしょう。

若い俳優と芝居をすると、途中で「もう、できません」とか「これ以上やると、自分が自分でなくなるような気がします」「もう限界です」と泣きだす人がいたりします。

例えば、人前で即興《そっきょう》で派手に踊る、なんていうレッスンの時です。即興というのは、アドリブ、いきなりやる、ということです。

当然、うまくいきませんから、恥をかきます。見ている仲間の中には、笑いだす人も出てきます。それだけで、死にたい気持ちになる人も出てきます。

そういう時、「これ以上続けると笑われて、恥ずかしくて、自分が自分でなくなってしまう」なんて弱音を吐くのです。

新入社員が、先輩から頭ごなしに怒鳴られ、それでもう出社しなくなった、なんてエピソードを聞きます。この前会った中学校の校長先生は、新任の先生が生徒に罵《ののし》られて、次の日から登校拒否していると嘆《なげ》いていました。

みんな、自分を守るために、必死なのです。

でも、自分の何を守っているのでしょうか？

例えば、三十代になり、結婚して、子供が生まれた男性は、自分の守るべきものが明確になります。

守りたいものは、妻と子供の生活、つまりは、家庭。家庭を維持するためには、毎月、手取りで28万円が必要だ——。ならば、その男性は、毎月28万円が具体的に守るべきことになるのです。クライアントに土下座しようが、上司に怒鳴られようが、徹夜しようが、彼が守りたいものは妻子との家庭で、つまり28万円が保証してくれる生活だと明確になるのです。

暴力をふるう夫から子供を連れて逃げ出した女性は、守るべきものは子供と自分の生活、と明確になります。二人が生活するために、最低20万円が必要なら、なにがあってもそれだけは守ろうとするのです。

それ以外の問題、例えば隣近所の噂話や世間体《せけんてい》や親の小言やちっぽけなプライドなんかはどうでもいいことになるのです。それは、守るべき対象と範囲がはっきりしているからです。

が、例えば、「そんなこと、できません」と泣いている俳優志望の若者は、何を守るのでしょうか。

じつは、出社拒否している新入社員も、登校拒否している新任の先生も、特別に守るものはないと僕は思っています。

守るものがないのに守ろうとすると、人はイメージだけを守ろうとします。つまり、具体的に守るものが何もないからこそ、人は全部を守ろうとして、ものすごく保守的になるのです。

これが、独身で親と同居していても、親が体を壊したり、年老い始めて、生活のために毎月15万円は家に入れないといけない、となれば、話はまったく変わってきます。抽象的なイメージしか守るものがなかった若者が、いきなり、親との生活を保証する15万円を守らなければいけないと明確になってくるのです。

そうなれば、上司に怒られたからと言って、出社拒否している場合ではなくなります。15万円を稼ぐために、もう一回、出社するか、それとも、そんなパワハラが存在する会社をとっとと辞めて、他で15万円を稼ごうとするのか、具体的に考えるようになるのです。

何も守るものがない時は、「自分」とか「プライド」とか「本当の自分」とかの「抽象的なもの」を守ろうとして、ただただ意味もなく保守的になります。なぜなら、それらは、実体のない空想の産物だからです。存在しない空想のものを守ろうとしたら、とにかく、むやみやたらに守るという姿勢を続けるしかないのです。

しかし、妻子持ちの男性が、毎月28万円を守るために、どうしても納得できない土下座をしろと要求された時に初めて「家庭」を守るのか、土下座を拒否して「自分」を守るのか、自分自身に激しく問いかけることになるのです。その時、「今、土下座を拒否して守ろうとしている『自分』とはなんだ?」と突き詰めることになるのです。何も守るものがなく、それゆえ抽象的で実体のない「自分」を守ろうとする努力は、やがて来る「本当に守らなければいけない具体的なもの」と「自分」との試練に比べると、残念ながらとても幼いレベルなのです。

子供の頃は、うんこを漏らしただけで死にたいと思うけれど、大人になって酔っぱらってうんこを漏らしたら、笑われることはあっても死にたいとは思わなくなる——なんて譬えはあんまりでしょうか。でも、若い頃の「守るべきもの」は、この例で説明できることが多いです。つまりは、実体のないプライドとか体面とかです。

その時は、死にたい気持ちになっていても、あとから考えたら「人間てそういうこと、するよね」とか「人間て面白いな」とか「そんなことはたいしたことじゃない」と思えるようになるのです。

じつは、テレビや映画、舞台の世界では、有能なプロデューサーほど、他人との壁が低いです。パーティーや飲み会では、ほいほいと人の輪の中に飛び込み、自分から声をかけます。話しかけられた方は、敏腕《びんわん》プロデューサーが向こうから声をかけてくれたと感激するのです。

そうやって、有能な人は自分の世界を広げます。

中途半端なプロデューサーは、自分の体面とプライドを気にします。「自分から話しかけたら、低く見られる」「話しかけるのは向こうの方で、俺がひょいひょいと歩き回るのは筋が違う」「話しかけて、スルーされたら恥ずかしい」なんてことです。

そうやって、抽象的な「自分」を守っている人は、たいした仕事をしていません。

守るべきものがないので、そうやって抽象的な「自分」を守ろうとするのです。

けれど、有能で敏腕なプロデューサーは、「この人とコネを作っておいた方がいい」「この人はやがて役に立つかもしれない」「この人と知り合っていた方がいいと思う」という「(仕事のために)守るべきもの」が明確だから、簡単に声をかけられるのです。

若い人ほど保守的と書きましたが、正確には「本当に守るべきものがない人ほど、保守的」になるのです。

幸福のヒント

- 自分には「守るべきもの」があるかどうか、じっくり考えてみよう
- 具体的に守るべきものがない人は、「ない」と自覚しよう

6 絶対の根拠はない

演劇系の大学で教えていると、「私は俳優になれるんでしょうか」と思い詰めた顔で語る若者に出会います。

「俳優になれるかどうかの根拠《こんきょ》が欲しいんです」「根拠がないと自信が持てないんです」と彼ら彼女らは言います。根拠があって、保証されて、初めて役者になる自信が持てる、ということです。

そのたびに、僕は言います。

「もし、クラスの友達3人が、『絶対に役者になれるよ』と言ってくれても、根拠にならないよ。だって、クラスの他の人がなんて言うか分からないからね。他の人がなんて言うか心配だろう?」

そう言うと、思い詰めた顔の若者はうなづきます。

「で、もし、クラス全員が『絶対に役者になれるよ』って言っても、君は『他のクラスの人がなんて言うだろう?』って心配になるんじゃない?」若者はまたうなづきます。

「で、その学年全員が『役者になれる』って言ってくれても、先輩はどう言うだろうって心配になるだろう? で、先輩全員が『役者になれる』って太鼓判押しても、『先生はなんて言うんだろう?』って心配になるだろう。で、先生が全員、『絶対に俳優になれる。間違いない』って言ってくれても、君は『この学校の先生はそう言ってるけど、演劇界の他の人はどう思うんだろう?』って心配になるはずだよ。で、演劇界全体が、『素晴らしい! 絶対に俳優になれる!』って言ったとしても、君は『でも、映画業界の人はどう思うんだろう?』って心配になって、映画業界の人がオッケーって言っても『テレビ業界の人はどうだろう?』って心配になるし、テレビ業界の人が認めても『ディレクターにしか聞いてないけど、プロデューサーはどう思うだろう?』ってまた心配になるんだよ。まだまだ、続くよ。というか、終わりはないよ。どう?」

思い詰めた若者は、唖然《あぜん》とした顔になっています。

「……終わりは、ありませんか?」

「うん。終わりはない。根拠を求めても、無限ループに入り込むだけだね。絶対の根拠なんて、どこにもないんだから」

若者は哀しそうにつぶやきます。「そういうものですか……」

「そういうものです」

この時だけは、僕はきっぱりと言います。

「何を幸福だと考えるか」「自分は何をしたいのか」について、これをしたら間違いがない、ということを保証してくれる根拠を求める人がいます。

けれど、どこにも根拠はありません。だから、根拠を求めて焦ったり、心配したり、さまよったりする時間はムダだと僕は思っているのです。

「自信がついたら始めようと思ってるんです」「自信がついたら話しかけようと思ってます」「自信がつくまでは控えめにしようと思ってます」そう言う人は多いですが、自信を保証してくれる、絶対の根拠を手に入れることはないだろうと思っています。

この意味で「他人の目を意識してもムダだ」と言えるのです。

空きビンや空き缶の植木鉢を笑われたからといって、ちゃんとした植木鉢に変えたとしても、今度は植木鉢の質と値段に文句を言う人が現れるかもしれません。最高級の植木鉢にしたとしても、今度は、花の種類や庭の全体の造形に文句を言う人がいるかもしれません。

賢い人は、このことに徐々に気付きます。もちろん、他人の視線は気になります。「他人の評価」を、一番大切なことにしてしまうと、終わりがないのです。

ほめられたらうれしいものです。でも、それを一番にしてしまうと、終わりのない無限ループに迷い込んでしまうのです。

一番にするのは、「他人の評価」ではなく、「自分の気持ち」です。自分がやりたいのか、やって楽しいのかが、一番に考えなければいけないことなのです。

もちろん、「自分の気持ち」が見えないことはよくあります。だから、この本なのです。でも、「自分の気持ち」が見えないからといって、分かりやすい「他人の評価」を一番にしてはいけないのです。

「他人の評価」が、つい一番になりやすいのは、明確だからです。自分で自分の気持ちはなかなか分かりませんが、他人から言われたことははっきりしています。

「すごいね」「ダメだね」「なんでそんなことやってるの？」

他人の評価は言葉として伝わってくるので、一番にしてしまう可能性が高いのです。

けれど、絶対に一番にしてはいけません。それを一番にしてしまうと、不安定で変わり続ける「他人の評価」という無限ループの中に取り込まれ、終りのない迷宮をさまよい続けることになるのです。

世界のどこかに「他人様」という大ボスが一人いて、その人が定期的に「評価」を発表している、なんてことなら「他人の評価」に頼ってもいいでしょう。でも、たった一人の優秀な「他人様」はいません。大勢の「他人」が、中途半端な情報や気分や条件反射の反応にもとづいた「評価」を口々に言うだけです。

そんな「他人の評価」に振り回されては、あなたの人生はもったいなさすぎます。

それは、あなたの行動を保証する「絶対の根拠」ではないのです。

ちなみに、スポーツ業界は、数字で保証されているから、絶対の根拠を手に入れられる、と思っている人がいるかもしれません。

確かに、100メートルを9・8秒で走れる、というのは、その人が優れているという絶対の根拠です。そのことに関しては、自信をもっていいでしょう。けれど、次に走る時も9・8秒で走れるという絶対の保証はないのです。

スポーツの根拠は、常に、過去を保証するだけなのです。

周りの人は、「前回、走れたんだから、次もそこそこ良いタイムで走るだろう」と楽天的に考えますが、当事者は真剣です。自分のコンディションに集中すればするほど、次の走りに対して神経質になり、不安になるのです。ですから、未来への絶対の根拠なんてないのです。

優れた賞を取って、表彰されたとしても同じことです。

「選ばれてあることの、恍惚《こうこつ》と不安、ふたつ我にあり」というのは、フランスの詩人ヴェルレーヌの言葉です。

選ばれた瞬間から、不安を人は感じるのです。

優れた賞を取るような、研《と》ぎ澄《す》まされた感性の持ち主であればあるほど、「次の作品をどうしよう」と、不安になるのです。そこには、「あなたは永遠に才能のある人です」という絶対の根拠はありません。どんな有名な賞も、過去を保証するだけなのです。

僕は30年ぐらい、毎年、俳優のオーディションの審査員をしています。劇団員のオーディションだったり、特定の作品の出演者募集のオーディションだったりします。いろんな人がいます。

その中に、「30歳の演技未経験の素人女性」という人達がいます。彼女達は、同じことを話します。「高校時代から俳優になりたかったんです。大学も、そういう所に行こうかと思ったんですが、親に反対されてやめました。大学を出た時に思い切って俳優になりたいと思ったんですが、親に反対されて就職するように勧められました。30歳までずっと働いてきたんですけど、やっぱり、俳優になりたいんです。親の言う通りずいぶん働いたので、30歳からは親に反対されても自分の意志で生きようと思って、受けにきました」

僕は内心、その決意に拍手を送りながらも、ため息をつきます。どうして、大学に入る時か、大学を卒業する時に、俳優の道に飛び込まなかったのかと。

俳優は技術職です。マスコミは、夢と幻想を売るのが仕事ですから、なかなか、本当のことは言いませんが、30歳で演技未経験の人がプロの俳優になれる可能性は、かなり低いのです。だって、30歳でピアノを弾いたことがない人が、「私、プロのピアニストになりたいんです」と言ったとしたら、それがどれほど大変なことか分かるでしょう。

俳優も、じつは同じようなものなのです。「どうして、30歳までオーディションを受けなかったんですか?」と、あえて質問すると、みんな、「だって、自信がなかったんです」と答えるのです。

でも、18歳の彼女や22歳の彼女が、親の言葉に逆らって飛び込めるような自信を保証してくれる絶対の根拠なんて、この世にはないのです。

俳優の例で語っていますが、この世の中には、自信を完全に保証してくれるような、未来に対して有効な根拠なんてないのです。

あなたが、「○○になることが私の幸福の条件だ」と思ったとして、○○に絶対になれるという根拠を求めてさまよい歩いても、そんなものはないのです。

幸福のヒント

・「他人の評価」で不安が解消されるかどうか、とことん考えてみる

7 一瞬ではなく、状態を考える

冒頭に紹介した自己流ガーデニングの話に戻ります。

もし、この時、偶然見た番組が「宝くじに当たった人」だったら、僕は「幸福」について深く考えることはなかったと思います。

「宝くじ」に当たることはとても幸せなことですが、それは、人生という時間から見たら一瞬のことです。エピソードと言ってもいいでしょう。

その瞬間は幸福ですが、持続するものではありません。それは、「幸福の瞬間」であっても、「幸福な状態」ではないと思うのです。

けれど、「自己流ガーデニング」は、持続する状態です。ある花が咲き、ある花が枯れ、ある花が育ち、ある花が実を結ぶ過程を見つめ、世話する。それは、人生の中に確実に存在する「一定の時間」です。それは、追求するに相応《ふさわ》しい人生の目的になるだろうと思います。

「10万円当たった」という興奮した気持ちは、人生の中ではほんの一瞬です。その一瞬を、人生の目標にするのは、難しいと思います。「自分は、宝くじに当たることを幸福だと感じる」という決定は、不可能ではありませんが、じつに危険で不安定な人生の定義だと思います。

もちろん、当たったのが1億円なんていうとんでもない金額だと、幸福な感覚は持続するかもしれません。が、すぐに、「この金をどう使おう」つまり、「私は何を幸福と思うんだ」という問題にぶつかるだろうと思うのです。

この問題に取り組まないまま、行き当たりばったりにお金を使い、人生を崩壊させてしまった人達のエピソードは、アメリカではよく報道されています。

宝くじという一瞬の幸福を手に入れた人達は、車や家を買ったり、贅沢《ぜいたく》な食事や旅行という、一瞬の幸福を積み重ねようとするのです。そして、気がつくと、宝くじを買う以前よりも貧しい状態になっていたり、家族や友人を全て失っていたり、体を壊していたりするのです。

もちろん、「持続する時間」と言っても、何十年も続くとは限りません。「自己流ガーデニング」のあの女性も、数年後には花の世話に飽きているかもしれません。それでも、ある一定の時間、幸福を感じ続けた経験は、大切な記憶になります。そして、次の「持続する幸福」を探す時の手助けになるはずです。

「歌手になること」が夢という人がいたとして、もし歌手になったとしても、それだけなら、「一瞬の喜び」だろうと思います。歌手になれた瞬間、例えば初めてコンサートをした時とかCDを出した時は幸福でも、そこから長い旅が始まるのです。

それは「夢をかなえた」という一瞬の喜びの後に来る「夢をかなえ続ける」という長い時間です。歌手を続けながら、やっぱり、「自分は何を幸福と思うか?」という問いと向き合うことになるのです。

「お客さんが3人しかいないライブでも歌って幸せなのか?」「ショッピングモールの片隅で自分が歌いたくない歌を歌って幸せなのか?」「いったい、自分は何のために歌うのか?」「歌うことの喜びとはなんなのか?」——歌手になれたという一瞬の喜びの後、これらの大切な疑問と向き合うことになるのです。というか、向き合わざるを得ないのです。

そして、例えば、「結婚」の場合も同じだろうと思うのです。

「結婚」を目標にしてしまえば、それは、状態ではなく一瞬のことです。結婚式で注目され、人生の絶頂を感じることができても、それは「結婚というエピソード」です。そこから、長い日常が始まるのです。

「自分は結婚することが幸福だと感じる」と決めた人にとって、幸福のピークは結婚式と新婚のわずかな時期でしょう。

けれど、結婚した人なら、みんな知っています。

結婚はイベントではなく、日常です。一瞬ではなく、持続する時間です。「結婚すること」が目的なら、結婚した瞬間に、目標を失ってしまうのです。

僕が結婚を決めた時、ホテルのラウンジで彼女を自分の母親に紹介しました。和《なご》やかなティータイムが終わった後、僕は母親と別れ、彼女と帰りました。

電車の中で、彼女は言いました。「あなたがトイレに立った時にね、お母様が仰ったわよ。『夫は生きがいにならないから、自分で自分の生きがいを見つけなさいね。夫に人生を保証してもらうんじゃなくて、自分の人生を選ぶのがいいと思うわ』って」

彼女は嬉しそうでした。

僕の母親は小学校の教師でした。定年まであと10年という時に、通常の教師をやめて、障害児教育の教師になるために、大学の通信教育とスクーリングで資格を取りました。そして、発達障害の子供達の教師を10年間、務めました。

念のために書いておきますが、父親との仲も悪くはありませんでした。父親も小学校の教師でしたから、二人はそれぞれに生きがいを見つけていたのだと思います。

この本を読みながら、「結婚さえできれば幸せになる」と思っている人もいるかもしれません。それは本当に誤解なのですが、それは体験した人間にしか分からないことでしょう。ただ、「一瞬の幸福」は、それだけでは続かない、ということだけは結婚に憧《あこが》れる人でも、理解できると思います。

「子供が生まれる」というのも「一瞬の幸福」です。それだけでは、持続した幸福にはなりません。

もちろん、「一瞬の幸福」でも経験できた人は、素敵です。その幸福を味わう間に「私は何を幸福だと思うんだろう？」と考えることをお勧めします。

そして、その経験がない人は、一瞬ではなく持続する状態の幸福を探すことが大切だと思うのです。

幸福のヒント

・宝くじ、結婚、出産……「一瞬の幸福」にどんなものがあるだろうか

・一瞬ではなく、持続する「幸福」を考えてみよう

8　悩むことと考えることを区別する

これは僕が折に触れて言っていることなので、知っている人も多いかもしれません。『孤独と不安のレッスン』（だいわ文庫）にも書きました。なるべく重複は避けようと思うのですが、「幸福のヒント」のために必要なことが「孤独と不安のレッスン」と重なる部分があるのです。「幸福のヒント」を語るためには、どうしても確認しておきたいことなのです。

なので、『孤独と不安のレッスン』を読んでよく分かっている人は、飛ばすかもう一度確認して下さい。

大学時代、自分の夢について悶々《もんもん》としていました。

演劇サークルの先輩から、「鴻上、お前、将来どうするの？」と聞かれて「ええ、劇団を旗揚げしようとしてるんですけど、うまくいくかずっと考えてるんですよね。学生からプロになるなんてことが本当に成功するのか、果たして何人の役者が僕についてきてくれるのか……」と打ち明けました。その当時、学生劇団からプロになるという前例はありませんでした。僕の野望は不可能を語っているのかと思ったのです。

すると、その先輩は、「鴻上、それは考えてないじゃん。悩んでるだけじゃん」と言いました。

「は?」と理解できない顔を向けると、「考えることと悩むことを混同したらダメだよ。考えるっていうのは、自分と同じような作品を創っている劇団があるのか調査したり、観客が何人を越したら演劇で生活できるようになるか計算したり、劇団を維持するのに稽古場とか含めて毎月いくらかかるのか調べたりすることとさ。でも、お前は『うまくいくかなあ……』とか『不安なんですよね〜』とか『似たような作品を創ってる所があるとライバルですね〜』とか悩んでるだけじゃん」と言われたのです。

目からウロコが落ちるとはこのことかと、思いました。

たしかに、3時間考えると、とりあえず、やるべきことが浮かびます。とにかくこれをやってみるか、うまくいくかどうか分からないけれどやってみよう、という発見があるのです。

でも、悩んでしまうと3時間たってもやるべきことは何も浮かびません。ただ、3時間、ぐだぐだと、ああでもないこうでもないと同じ所をぐるぐるするだけです。

悩んでもなにも生まれません。でも、考えると、とりあえず、何かは生まれるのです。そして、それをやってみたり、言ってみたりすることで、事態は変わる可能性があるのです。でも、いくら悩んでも、事態はなにも変わりません。

あなたはどうですか？

自分の夢や幸福について、考えていますか？　それとも、悩んでいますか？　ただ、悩むだけだと、どんなに時間をかけても何も変わらないのです。

自分は今、考えているのか、悩んでいるのか、それを区別することはとても大切なことなのです。

考えることと悩むことを区別するための一番いい方法は、箇条《かじょう》書きにしてみることです。

悩んでいると、箇条書きにできません。考えると、「1　僕が作ろうとしている作品と同じようなものを作っている劇団はあるのか？」「2　最低限、何人の観客を得られれば、生活できるのか？」……というふうに、書くことができます。

じつは、問題は、こうやって文章に箇条書きできた時点で、やるべきことの半分はすんでいるのです。

「何が問題なのか」を明確に意識できれば、次にやるべきことが浮かびます。悩んでいる人は、「文章に箇条書きする」ということができないのです。

なんとか文章にできても、ダラダラと悩みを書くだけなのです。

箇条書きにするということは、何が問題で何が問題じゃないかを区別することです。別な言い方をすれば、何を考え、何を考えなくていいかを明確にすることです。

あなたが今、何か問題を抱えているのなら、何が問題なのかを箇条書きにしてみてください。可能なら、「自分は何を幸福だと思うか？」それも箇条書きにしてみませんか？

それが、「悩むことと考えることを区別する」ということなのです。

幸福のヒント

・あなたが悩んでいる問題を箇条書きにしてみよう

9　否定から考えてみる

「何が幸福か分からない」人は、「自分が何をしたいのか分からない」と思うことが多いです。

けれど、自分が何をしたいのか分からない、という状態は、日常ではそんなに珍しいことではないと思います。

例えば、食事の時に、「何が食べたいか分からない」と、迷うことがあります。食事の時間なので、何か食べなければと思うけれど、自分は今、何が食べたいかまったく浮かばない時です。

そういう時は、「自分は何が食べたくない<ruby>の</ruby>か？」と、否定から考えてみるのです。

それも、具体的に二つ、並べるのです。

「カレーと牛丼、どっちが食べたくないか？」と、自分に問いかけ「牛丼の方が食べたくない」と思えば、カレーが残ります。

そしたら次に「カレーとサンドイッチ、どっちが食べたくないか?」とまた、自問するのです。「カレーが食べたくない」となれば、「サンドイッチとパスタ、どっちが食べたくないか?」と続けます。時間のある限り、「どっちが食べたくないか?」を自分に聞き、最後に残ったものが、「一番、食べたくないものじゃないもの」になります。

この方法が幸福を見つける時も有効なのか? とあなたは疑問に思うかもしれませんが、「好きなもの」が分からない時、「嫌いなもの」を明確にするというのは、幸福のヒントになります。

冒頭紹介した「イギリス女性の自己流ガーデニング」の話にピンと来なかった人は、「いったい、なんの話だったら、ピンと来たか?」と考えます。けれど、すぐに、ピンと来る「なにか」が浮かぶ人は少ないでしょう。簡単に浮かぶなら、苦労はしません。そうですよね。

そういう時は、「自己流ガーデニングと自己流家庭料理、どっちが興味ないか?」と問いかけるのです。もし、自己流ガーデニングの方が興味がないなら、次に「自己流家庭料理と自己流フラワーアレンジメント、どっちが興味ないか?」と問いかけます。

この世界は、たくさんの趣味、生きがい、仕事を紹介する雑誌やネット記事、テレビ番組に溢《あふ》れています。

その中から、「好きなもの」を選んで下さいと言われれば、そのあまりの膨大《ぼうだい》な量に、途方に暮れることが多いです。そんな時は、「どれに興味がないですか?」「何が嫌ですか?」と質問を自分の中で変えてみるのです。

幸福のヒント

- 今日の昼食、「どっちが食べたくないか?」自問してみよう
- 「何が嫌いか?」自分に質問してみよう

10　本当に飢えてみる

そもそも、「自分が何が食べたいか分からない」と感じるのは、本当の意味でお腹が空《す》いてないからです。現代においては、本物の「飢《う》え」を経験した人は少ないでしょう。ほとんどの人は、子供の時から食事の時間になったからなんとなく食事をしてきたはずです。

飢えて、ひもじいから食事をしたのではなく、食事の時間になったから、食事をしてきたのです。本当の意味で飢えを経験する前に、なんとなく食事してきたのです。

それは、私達が豊かになったという証明なのですが、逆に言えば、「食べたくて食べたくて、必死で食事をした」という経験を失うことなのです。

同じように、「自分が本当にしたいことはなんだろう?」という疑問に、答えがなかなか浮かばないのは、「なんとなく時間を潰《つぶ》してきたから」です。本当の意味で退屈することなく、なんとなく時間を潰すことができたから、「自分は本当は何がしたいんだろう？」と疑問に思うことがなかったのです。

当然、自分の本当にしたいことが分からなければ、「自分は何を幸福だと思うのだろう？」ということも分からないのです。

偶然、「飢え」を経験して、食事を鮮烈にイメージすることがあります。

例えば、山で1日遭難《そうなん》して迷ったとか、風邪をひいて3日寝込んだとか、全く金がなくなって食べ物が買えなかったとか、台風で孤立して食料が切れたとかすると、「自分は何が食べたいのか」ということが明確になってきます。

空腹のあまり、妄想《もうそう》が止められなくなり、食べたいものをはっきりとイメージすることになります。そして、ついに食べ物が手に入った時、おにぎりひとつの美味しさに感動するのです。あなたはそんな経験はないですか？

「自分は本当は何がしたいのか」という質問に対しても、同じことをしてみます。つまり、意識的に「飢えて」みましょう。

中途半端に退屈を解消してくれるものから一定期間、距離を取るのです。ネット環境や携帯電話やテレビやマンガや友達や、あらゆる「あなたの退屈を紛《まぎ》らわせてくれるもの」から離れるのです。

保証してもいいのですが、あなたがそういう場所に10日以上いられたら、そして、ちゃんと情報を遮断《しゃだん》して退屈できたら、あなたは「自分は本当は何がしたいのか？」という手がかりを手に入れられるはずです。

これは、『孤独と不安のレッスン』（だいわ文庫）に書いたことですが、昔、僕は南の島に2週間ほどボーッといたことがありました。今と違って、携帯電話もインターネットもなく、泊まった民宿にはテレビもありませんでした。

南の島の強烈な日差しに、だんだんと、持ってきた小説も読む気が失せて、ただ、日がな一日、ボーッとしていました。

そんな日が1週間ほど続いた時、突然、「自分はあの仕事をやりたくないんだ」「自分はあの人が嫌いなんだ」という思いが湧《わ》き上がってきたのです。

それは自分でも衝撃でした。まるで、深海に潜んでいた潜水艦が、突然、海面に浮上してきたように、その考えが現れたのです。僕は、自分がそんなことを考えているなんて、夢にも思っていませんでした。しかし、意識に現れてしまうと、「自分はそう思っていた」と確信できたのです。

都会生活では、決して言葉にならなかった思いが、南の島の時間の中ではっきりと退屈したことでようやく言葉になったのです。

働いていて、とてもそんな時間が取れないという人でも、週末の2日間、意識的に情報を遮断して、飢えてみるのです。

部屋の中に1人いると、つい、いろんな物に手を出してしまいます。気がつくと、退屈が紛《まぎ》れている、なんてことがあるでしょう。

外出して、例えば、海をボーッと1日中、見ている、なんてのがいいと思います。ただし、見事な自然を前にしてしまうと、その風景に魅了《みりょう》されて、思わず、退屈が紛れてしまいます。2週間ぐらい南の島にいるのなら、どんな素敵な風景もやがて日常になって退屈になりますから大丈夫ですが、週末しか時間がないのに素敵な風景の前に立ってしまうと、「自然を味わう」という別の行動になってしまいます。

そういう時は、なるべく中途半端な自然の中で過ごしましょう。近くの野原とか、平凡な公園とか、誰もいない屋上とか、とにかく、情報を拒否して、完全に退屈する場所で時間を過ごすのです。

1日でも2日でも、情報を遮断し、ちゃんと「飢える」ことができれば、あなたは何かを感じるはずです。

大学1年の時、僕は早稲田に下宿していました。三畳しかない小さな部屋が集まっている賄《まかな》い付きの下宿でした。

4月は、1階にある食堂で全員で食事して、学校に通いました。が、5月になると、だんだんと授業を欠席しがちになりました。1人、まったく授業にいかず、ずっと、部屋で寝ている男がいました。とにかく、いつ、部屋を覗《のぞ》いても寝ていました。たまに起きているなと思ったら、フトンに入ったまま、テレビを見ていました。

彼の気持ちもなんとなく分かりました。彼は、1年間浪人したのに、不本意な学部に入っていました。

4月、授業に出たけれど、大人数の大教室で、大学教授が自分の書いた教科書をマイクで読み上げるだけの授業ばかりで、「こんな授業を受けるために、必死で浪人して勉強したんじゃない」と失望していたのです。

彼は、ずっと寝ていました。夏になって大学が休みになっても、変わらず、寝ていました。秋になって大学が始まっても寝ていました。冬になって、僕が正月のために帰省する時も寝ていました。故郷から戻ってきて、部屋を覗いても、やっぱり寝ていました。

そして、次の年の春になった時、彼は突然「あー、よく寝た」と言いながら、起きてきたのです。そして、4月から1年遅れて、真面目に授業に出るようになりました。

彼は1年、寝る必要があったんだと、僕は思いました。
寝て、自分にとって大学とは何か？　大学に通う意味とは何か？　自分の未来とは何か？　自分の可能性とは何か？　を考える必要があったのだと思います。
僕は、今でも、彼が「あー、よく寝た」と言いながら、食堂に現れた時の姿を思い出します。充実した、そして納得した顔をしていました。彼が、もりもりと食事する風景を、その時、初めて見たのです。

ですから、あなたが今、「自分は何をしたいのか分からない」と思っているのなら、思い切って、情報に「飢えて」みてください。

幸福のヒント

・まるまる1日、誰とも会わず、携帯電話、インターネット、テレビ、活字なしで過ごしてみよう

11　ポジティブを見つめる

「なんかあると悲観的になるんです」「どうしてもネガティブに考えてしまうんです」

自分の思い込みから自由になろうとしてもなかなか、そうならない人は多いです。

そういう人は、人類としては優秀なんじゃないかと僕は思います。

ここしばらく、「進化心理学」という学問が脚光を浴びています。人間の心理を進化の視点で見ようという考え方です。

例えば、多くの女性が幼い頃からピンクや赤に関心があるのは、採取生活をしていた大昔、木々の間から熟れた実を見つけることが必要だったからではないか、というような考え方です。生き延びるために、赤やピンクに敏感になった、というのです(もちろん、赤やピンクを押しつけられて嫌な女の子もいます。一般的な傾向の話です)。

狩猟生活をしていた男性は、熟《う》れた実を見つける必要がないので、赤やピンクに関心がなく、というか色そのものに関心がなく、それより、狩猟を成功させるために、集団の中の統率とか権力とかに関心が向くように進化した、という考え方です。

これが正しいかどうか、僕は専門家ではないので判断できませんが、ただ、人間は生き延びるために、「幸福」より「不幸」、「喜劇」より「悲劇」、「肯定」より「否定」に関心があるように進化したんじゃないかと思っています。

僕達は、楽しいことより悲しいことの方に敏感です。楽しいことがあっても、次に悲しいことがあると、気持ちはすぐに変わります。落ち込んで、つらくなります。楽しいことを思い出しても、なかなか、悲しい気持ちは変わりません。

悲しいことの後に楽しいことがあると、一時的に楽しい気持ちになりますが、ふと、悲しいことを思い出してしまいます。

楽しいことより、悲しいことにとらわれてしまうのです。

これは、僕は進化と関係があるんじゃないかと思っています。

大昔、すっごく気持ちのいい青空の下、原始人のご先祖さまが丘の上に立っていたとします。見晴らしもよく、風もさわやかで、じつに幸福です。

と、遥《はる》か向こうの方にライオンの集団を見つけたとします。かなり離れているので、ライオンはまだこっちに気付いてません。そういう時、「あ〜、ライオンの集団だ。こっちに来たら食われるぞお。でも、青空だし気分がいいし、まあ、いいか」と、「楽しいこと」にフォーカスを当ててしまっては、人類は生き延びられなかったのではないかと思うのです。

そういう時に、すぐに「悲しいこと」「不幸」を想像して「やばい。こっちに来たら食われる。もう、青空なんかどうでもいい。さあ、移動だ」と思えたからこそ、人類は生き延びられたのではないかと思うのです。

だから、人間は、「喜劇」より「悲劇」、「幸福」より「不幸」、「楽しいこと」より「悲しいこと」に敏感なように進化したのではないかと思うのです。

別な言い方をすると、「できる」という思い込みより、「できない」という思い込みの方が強いのです。「肯定」より「否定」の方に引っ張られるということです。

トンデモ説かもしれませんが、何度言っても「悲観的なこと」だけを語る人達にずいぶん僕は会ってきました。「幸せになんかなれない」「自分は幸福とは関係ない」——そんな言葉です。

どうして、ずっとネガティブを語るんだろうかと考え続けた時、それは「人間の本性」とどこかでつながっているからじゃないかと、思ったのです。

だから、絶望的だというわけではありません。

ライオンを見つけて、「さあ、食われるかもしれないから移動しよう」というのは、「不幸」にフォーカスを当てています。だから、危険を避けて生き延びられるのです。

ですが、それと、心までが悲しみに塗《ぬ》り込められることは別です。

「また、移動なんだ。俺達に安住の地はないのか。一生、ライオンから逃げ続けるのか」と嘆くことは、1で言った「どうにもならないこと」と「どうにかなること」を混同しています。

ライオンから逃げるというのは、「どうにもならないこと」です。でも、そこから絶望的で投げやりな気持ちになるのは、「どうにかなること」を手放しています。

あとでちゃんと書きますが、「ユーモアを忘れない」をモットーにして、「さあて、移動です。私達は、さすらい人ですね。さすらい人は英語で『バガボンド』と言います。『ドリフターズ』とも『ホーボー』とも言います。どれを、知ってます？　やっぱり、『バガボンド』ですか。マンガの力は大きいですね」なんてつぶやきながら動くだけで、少しは体が軽くなるのです。

それは、大きな意味では、「ポジティブを見つめる」ということです。

ライオンの存在に心が負けそうになったら、青空、さわやかな風、見晴らしのいい丘からの眺《なが》めをちゃんと評価するのです。そうすれば、ライオンの群れから逃げようとする時、体からエネルギーを失わなくてすむのです。

大人になって気付いたことは、「ものすごくやっかいな仕事の話は、美味しいものを食べながらするといい」ということでした。

にっちもさっちもいかない仕事とか、絶望的な状況の仕事、なんてのは実際、あります。誰かが重大なミスをしたとか、信じられない裏切りを受けたとか、「どこにもポジティブな要素はない」としか思えない場合です（もちろん、しばらく時間を置くと、なにか『どうにかなること』が見えるかもしれませんし、ユーモアを言う気持ちが起こるかもしれませんが、裏切りの直後だとなにもできないのです）。

そういう時は、思いっきり美味しいお店やレストランで食事をしながら相談するのです。そうすると、その食事の美味しさ（＝ポジティブ）が、激しい困難があっても、なんとか前に進もうというエネルギーをくれるのです。

で、言いたかったことは、あなたがもし、「楽しいこと」より「悲しいこと」に目が向くのだとしたら、それは生き延びるために正しい進化を遂げた結果なんじゃないか、ということです。

「悲しいこと」、つまりライオンの存在をちゃんと見つけ、理解することはとても大切なことです。だから、最大の不幸「死」から逃げられるのです。

でも、ライオンの存在に打ち負かされて、自動的に絶望してしまうのはもったいないと思うのです。

だから、ライオンの存在を意識した後に、「ポジティブを見つめる」ことがとても大切なのです。

幸福のヒント

・ネガティブに考えることは正しい進化だと考えよう
・絶望的な状況の時は、美味しいものを食べながら相談する
・「肯定」と「否定」、両方をいつも考えるようにする

12　「頑張ったら夢はかなう」とは思わない

ここまで、あなたにとっての幸福を見つける手がかりを書いてきましたが、「私には、はっきりとした夢がある。それをかなえることが幸福になることなんだ」と思っている人もいるかもしれません。

「かなえたい夢」を持っている人は、とても幸福でとても不幸な人です。

幸福だというのは、そこに向かって努力している間は、幸福感に包まれやすいからです。

不幸だという意味は、マスコミの影響で「頑張れば夢はかなう」というイメージが広がっているからです。この言葉は、あなたも感じているように、嘘です。

頑張っても夢はかなわないことは普通にあります。だって、頑張れば夢は必ずかなうなら、夢をかなえてない人はみんな頑張らなかったことになります。

そんなことはありません。レギュラーになれずベンチにも入れず、スタンドで応援している野球部員は頑張らなかったからそこにいるのではありません。会社で怒鳴られているビジネスマンも、お客に文句を言われている店員も、観客が2、3人しかいない客席に向かって演奏しているアーティストも、それは頑張らなかった結果ではありません。もちろん、頑張らなかった人はいますが、頑張った人もたくさんいます。ですが、悲しいことに、頑張ることと夢をかなえることは、イコールではないのです。

少し難しい言い方をすると、頑張ることは、夢をかなえるための「必要条件」であっても、「十分条件」ではない、ということです。つまり、夢をかなえるためには、頑張ることは必要ですが、頑張ればいつも夢がかなうとはかぎらない、ということなのです。

けれど、マスコミはこんな人生の真実を語っていては商売にならないのです。それはしょうがないと思います。僕もあなたも、さんざん努力した主人公が、最後の最後に夢が破れて挫折する物語なんか読みたくも見たくもないのです。頑張って頑張って、最後に恋が壊れる歌も、あまり聴きたくはないと思います。

(でも、本当に優れた作品は、いろんな形でこの「人生の真実」を教えてくれたりします。そして、そのことに深く感動するのですが、それはまあ、別の話)。

結果的に、流通する物語やエッセーは、すべて「夢を持って頑張って、かなえた話」になります。「頑張ったけれど、かなわなかった苦い話」も少しは現れますが、大ヒットするもの、広く大衆に愛されるものは、ほとんどがこの構図――例えば、ダメな主人公が不可能と思える野望を抱いて挑戦し、その過程でダメな仲間と知り合い、一度はコテンパンにやられるんだけど、ダメだと思っていた仲間と共に頑張って、最後には夢をかなえる話、になるのです。

それは、観客や読者として楽しむ間は素敵です。が、いざ自分が夢を持ち、挑戦し、そして挫折した時には、呪いの物語になります。

目にするすべての物語や小説、エッセー、自伝はみんな成功して夢をかなえているのに、どうして自分は夢をかなえられないんだ、自分は例外じゃないか、自分はそんなにダメなのか、自分なんか生きている意味はないんじゃないか、と思い込むようになるのです。

ちょっと関係なさそうな話をします。本当はつながっているのですが、戸惑わないで下さい。

昔、アメリカを代表する資本主義というシステムとソ連を代表する社会主義というシステムが対立していました。30年弱前のことです。

世の中に「資本主義」と「社会主義」というふたつの価値軸がある、ということは、良い意味でも悪い意味でも、物事の見方を複雑にしました。

資本主義というのは、極端に言えば「売れたもん勝ち」という考え方です。500枚しか売れなかったCDより、50万枚売れたCDの方が優れていると考えるシステムです。「数が正義」です。

社会主義は、50万枚売れたものより、500枚売れたものに芸術的に優れたものがあるのは当然だと考えるシステムです。

ボリショイバレエだのモクスワ芸術座だのロシア文学だの、社会主義の中で花開いた存在が、「売れることがそんなに偉いの？　違うでしょ。世の中で一番偉いのは芸術性でしょ」という価値観を支えたのです（事実かどうかではなくて、あの当時、そう考えられていた、ということです）。

その影響が確実にあると思うのですが、僕が二十代の頃、今よりずっと夢は多様でした。

「スター」になりたいと思っても、テレビのスターがいて、日本映画のスターがいて、演劇のスターがいて、歌謡曲のスターがいて、ロックのスターがいて、ニューミュージックのスターがいて、それらは全員、別々に輝いていました。

演劇のスターや日本映画のスターは、そんなにテレビに出ませんでしたが、それぞれの分野では間違いなくスターでした。

スターを応援する観客の数は問題ではなかったのです。何千万人が知っているテレビのスターと、数千人が熱狂する演劇のスターは、スターという意味においては等価《とうか》でした。優劣はありませんでした。スターを保証するのは、数ではないとみんな思っていたからです。

やがて、社会主義が崩壊して、資本主義だけが残りました。世の中は、「多く売れたものが、より優れたもの」という価値ひとつになったのです。

結果、みんな数字を気にするようになりました。テレビの力（視聴率）はネットに押されて落ちてきましたから、テレビ以外のスター（YouTuberやアニメ声優やニコ生主《なまぬし》など）が生まれるようになりました。この意味では、夢は多様になりましたが、ネットに代表されるように、アクセス数やコメント数という形で冷徹に数字で語られるようにもなりました。

結果、それぞれの世界では、テレビと同じかそれ以上に、数字を気にするようになったのです。そして「多くの人が求める夢」「多くの人が受け入れる夢」「多くの人が好む夢」という「より多い数」という視点から「夢」を語るようになったのです。その結果、生まれたのが「頑張れば、夢はかなう」というキャッチコピーです。このフレーズが、一番、多くの人に受け入れられ、愛されたのです。

今の十代や二十代に「1960年代の日本は、アメリカやイギリスだけじゃなくて、フランスやイタリアなんかの曲もヒットしてたんだよ。ヨーロッパの歌手がベストテンに入るなんて、珍しくなかったんだから」と言うと、信じられないという顔をします。

いろんな国のいろんな文化を、日本人は楽しんでいたのです。今は、欧米の歌手がベストテンに入るのは珍しく、ほとんどがJ－POP、J－ROCKと呼ばれる日本の歌です。

文化が単層（単調・一色）になっているのです。ですから、夢も単層になります。単層は、マスを狙えます。大ヒットしやすいということです。いろんなものがごちゃごちゃある複層だと、小ヒットはあっても、大ヒットは少ないのです。それは、資本主義の原則、売れたものが優れたもの――に反するのです。

なので、この時代に生きるということは、「頑張れば夢はかなう」というキャッチコピーに呪縛《じゅばく》されるということです。うかうかしていると、マスコミが商品を売るために創ったこの言葉に、自分の人生を振り回されてしまうのです。

マスコミは、こういうことを平気でします。

サッカーで、「負けられない戦いがある」というキャッチコピーを初めて見た時も僕はじつに嫌な気持ちがしました。勝って当り前、負けることはありえない——という煽《あお》り方は、視聴率は取れるかもしれませんが、人間を追い詰めるだけです。

オリンピックで負けて「楽しかったです」と微笑んでいる人に向かって、「税金使って送り出してもらって、負けてヘラヘラするな」と偉そうに言う男の言葉を紹介している記事を読んだ時もそう思いました。

ですから、頑張っても夢がかなわなかった時、マスコミの文法に従って、自分を責める必要も人生に絶望することもないのです。

もちろん、夢がかなわないより、夢がかなう方がいいのは当り前です。

この本で伝えようとしている「幸福になるヒント」と、「自分の夢をかなえる」方法は、じつは、共通している部分も多いのです。どうやって夢をかなえるか考えることは、どうやって幸福を見つけ出すか考えることと似ているのです。

なので、はっきりとした夢を持っている人は、「夢をかなえる方法」としてこの本のヒントを受け止めてもらっていいです。それで、夢がかなうとしたら、僕はとても幸福です。

けれど、もし「夢がかなわなかった」時は、挫折して絶望してあきらめるのではなく、その夢の代わりになる幸福を見つけてもらいたいと思っているのです。

そこから、本当の人生が始まるのですから。

幸福のヒント

・人々の多様な夢をできるだけたくさん書き出してみる

・多くの夢の中で共感できるものを見つける

13 「有名病」に気をつける

あなたが若ければ若いほど、「有名病」に侵されているかもしれません。「有名病」とは、何者かでない自分は想像できず、許すこともできず、とにかく有名になれば幸福になると思い込んでいる病気です。

ほとんどの人は、三十代四十代になるにつれて「有名になるのは簡単じゃないし、それに、とにかくなんでも有名になればいいってもんじゃないだろ」と気付きます。

でも、中には、充分な大人になっても、「とにかく有名になりたい」「何者かじゃない自分は許せない」と「有名病」をこじらせてしまった人もいるのです。

最悪にこじらせると、犯罪者になります。バスケマンガを描いていたマンガ家さんを脅迫し続けた男は、捕まった時にもじつに嬉しそうに微笑んでいました。自分が注目されるという意味で、狙っていたマンガ家さんと同じレベルになったと喜んだのです。逮捕の時の「ごめんなさい。負けました」というコメントは同じ土俵で戦った人間が言う言葉です。彼は匿名《とくめい》で脅迫しながら、同じレベルだと思っていたのです。

「有名病」がここまで広がったのは、ネットという、誰もが簡単に参加できる方法が生まれたからです。ネットの存在で、みんな、一瞬、「自分も有名になれるかもしれない」と思ってしまったのです。

ネットで発言し、注目されれば、有名人になれるかもしれない。若ければ若いほど、そう思ってしまうのは無理もありません。

ネットは巨大な「自意識開発装置」です。自分の発言が常に数字で評価されます。自分自身に関心を向けろとささやく装置です。

ネットを歩けば、ネット世界の有名人に簡単に出会います。彼ら・彼女らは、テレビや新聞、つまりマスコミが求める水準の「なにか」は持っていません。もっとささやかな、もっと身近なトピックでネット上で注目されています。

たとえて言えば、マスコミが求める水準は、世界100カ国を回った旅行者です。けれど、ネットでは、日本国内を数県回っただけの水準でも、誰かは話を聞いてくれるのです。

「この人がこんなに注目されているのに、自分が注目されないのはおかしい」――自意識の開発装置であるネットでは、簡単にそう思い込むようになります。

昔、ネットがなく、テレビや新聞だけの時代は、それなりの水準（つまりは、世界規模の旅行者）しか取り上げられませんでした。ネットの時代になって、初めて、隣の県に行っただけの旅行者も注目される、という可能性が生まれたのです。

ただし、そんなネットでも、注目を集め続ける、何者かであり続ける、というのは、とても難しいのです。

文才があって、ものすごく楽しいブログを毎日書いているとか、ユーモアとウィットに富んでいて、短くもじつに鋭い発言をツイッターで続けているとか、You Tubeでじつに面白い番組を創っているとか、そんな腕があれば、息の長い有名人になれるかもしれません。

けれど、ほとんどの人はそんな技術はないのです。

そうすると、一番簡単に注目を集める方法――何人かの女性は「肌を露出すること」を選び、多くの男女は「批判すること」を選びます。

価値あるものを創れる人は少ないですが、批判することは誰でもできます。

内容が全く理解できなくて批判できなければ、その口調を批判すればいいのです。

「なめた言い方をしている」「文章が下手だ」。口調がまともなら外見を批判すればいいのです。「生意気そうだ」「キモイ」。

まあ、ググれば、どんな難しい内容でも批判している人はいるので、それを真似すれば、一見賢そうに文句は言えます。「批判は愚か者の最大の武器である」という有名な言葉が象徴的です。

ネットの問題点は、そうやって批判したことが、すぐに数字となって現れることです。ツイート数やアクセス数やコメント数が増えれば、嬉しいものです。自分の書いたものを読んでくれる人が具体的に増えたり減ったりすることで一喜一憂してしまい、ますます、「有名病」をこじらせてしまうのです。

そして、数字を維持し、増やすためには、あなたは批判を続けなければいけません。それは、じつにしんどいことだと思うのです。

なにも生み出さず、ただ批判して数字をかせぐことは、結果的にどこにもたどり着かないだろうと僕は思います。

「有名になりたい」「何者かになりたい」と、特に若い頃に思うのは、じつに自然なことだと思います。若いころの正しい野望とも言えます。

「幸福」より「不幸」に敏感なのが進化的に刷り込まれたことだとしたら、「自己を拡張《かくちょう》したい」という思いは、生命の遺伝子レベルで刷り込まれたことだろうと思います。

人間は、生命体として自分を拡張したいと無意識に欲しているのです。自己拡張の究極が、子孫を残すことです。遺伝子レベルで、その欲求は人間に刷り込まれているはずです。

「権力をもちたい」「みんなに自分の名前を覚えてもらいたい」「みんなに振り向いてもらいたい」「みんなに自分の言葉を受け止めてもらいたい」——これらは、全部「自己を拡張する」ことです。自分が広がり、影響を与え、自分の生命が世界に伝わることです。

子孫を残したいと思うことと同じぐらい、生命としてまっとうな願いです。

ですが、「自己拡張」は結果であって、目的にしてはいけないのです。

「有名になりたい」と思って、結果的に有名になることは自然でも、「有名になりたい」ことそのものを目標にしてしまうと、終りのない「刺激の無限ループ」を生きなければいけなくなるのです。

「有名になりたい」と思う人は多いので、「有名になりたい」と思っている他人に対しては敏感です。「この人は、有名になりたくて文句言ってるだけなんだ」とすぐに感じ、見抜きます。

作品を創っていても「この人は、作品を創りたいんじゃなくて、ただ有名になりたいだけなんだ。作品はただの手段なんだ」と感じるのです。そう思うと、人は、そんな作品を受け入れはしません。ただ、無視するだけです。

あなたがもし、「有名病」の重症の患者で、どうしても有名になりたいと思うなら、とにかく「なにで」有名になるか、見つける必要があります。

批判ではなく、何を創って・作って・やって・集中して、有名になるのか——あなたが夢中になれる「なにか」を見つけられれば、結果的にあなたは有名になる可能性があります（もちろん、犯罪で有名になるのは論外です）。

でも、「なにか」に本当に熱中し、興奮し、取り組み、集中したら、やがて、「有名になりたい」という思いはずいぶんなくなるのじゃないかと思います。そして、そうなった時に、有名になっていたり、何者かになっていたりするのです。

僕は中学2年生の時、演劇部の部長になりたいなあと思っていました。「部長になった自分」を想像して、うっとりしながら、心底、部長になりたいと思いました。

周りの人達は、僕のそういう欲望をなんとなく感じていて、「鴻上は部長じゃないよね」なんて言われていました。そのたびに僕は反発し、悲しくなり、憤慨《ふんがい》しました。が、中学3年生になる頃には、部長という仕事がどれほど大変かだんだん見えてきました。やる気のない部員をたきつけ、反抗的な部員をまとめ、仲の悪い部員同士を仲良くさせ、作品を選び、稽古の計画を考え——そう思うと、いつのまにか「ああ、部長になんかなりたくない」と思うようになりました。

「部長って大変じゃないか。絶対に部長なんかならない方がいい、なりたくないよ」——そう思った時、周りから「鴻上は部長にふさわしい」と言われました。

この構図は、じつは現在までずっと続いています。

「劇団を創りたい」と思った時は、劇団はなかなかできませんでした。

「劇団なんか大変だよ。創らない方がいいよ」と思った時に、劇団ができました。演出家になるのも同じです。「演出家は大変だよ。絶対にならない方がいいよ」と思った時に、初めて演出家になれたのです。それまで、どんなに熱望してもなかなかなれなかったのに。

大きな仕事をする時も同じです。「こんな大きな仕事がしたいなあ」と思っている時は、絶対にできないのです。「いや、俺がバカだった。そんな大きな仕事、大変だよ。簡単に言うもんじゃないよ」と思った時に、大きな仕事の計画はやって来るのです。

ですから、あなたが「有名になりたい」と思っている間はなかなか有名になれないと思います。「有名になるって大変じゃないか。それよりこの『なにか』をちゃんとやっておこう」と思った時、あなたは有名になる可能性が高いのです。

幸福のヒント

・「有名になりたい」のではなく、「なにをしたい」のか、追求する

14 目指す世界の地図を作る

「夢をかなえるため」にも「幸せを見つける」ためにも、必要なことは、「自分を客観的に見る」ことです。

自分を客観的に見ることができれば、自分にとっての幸福を見つけることも、〇〇になることも可能になるのです。

と、書きながら「自分を客観的に見る」ということは、とても難しいことです。

前述したように、私達は、自分の顔だって、客観的に見てないのです。鏡を見る時は、普段より20%すました顔で、それが自分の客観的な顔だと思っているのです。

だから、完全に無防備でいる時の顔を撮られて、驚くのです。友達の写真の後ろに写っていた時とか、知らないうちに動画を撮られていた時とか、自分の知らない自分の顔を見て驚いたという経験、ないですか？

自分の顔も客観的に見られないのに、自分の実力やポジションを正確に把握するということは、とても難しいのです。

自分を客観的に見るためには、自分の状態だけではなく、目指す世界の情報を正確に集めることが必要です。

高校時代、中途半端にしか勉強しないまま、世界史や日本史のマークシート試験を受けると、「なんとなくできた」なんて感想をもちます。ところが、真面目に勉強した人は「3問目と9問目が間違っていた」と、じつに具体的に答えるのです。

勉強すればするほど、「結構、間違ってしまった」と感想を漏らす人が増えます。が、あんまり勉強していなければ、「まあ、できたんじゃない？」となんとなく答えるのです。

あいまいな理解だと、あいまいに判断して、なんとなく肯定してしまうことが多いのです。

客観的に自分を見るためには、まずは目指している世界の正確な地図を作る必要があります。

目指す夢、目指す職業に関して、とにかく情報を集め、自分の中に「〇〇に関する地図」を作るのです。地図は、情報が多ければ多いほど、正確になります。

例えば、俳優志望の若者に僕は言います。

とにかく、たくさんの映画、たくさんの舞台、たくさんのテレビドラマを見なさい。映画の歴史、演劇の歴史を調べて、今現在活躍している、名監督・名演出家・名脚本家の作品は、一回は見なさい。

有名な俳優の演技だけではなく、自分と同じ年ぐらいの若者が演じている舞台や映画もたくさん見なさい。自分と同じぐらい無名な俳優は、映画やテレビに出ることは少ないので、東京や大阪の大都市で行われている劇団の公演をちゃんと見て下さい。熱心に見続ければ、1年ぐらいで自分の中に「俳優という地図」ができてきます。

困るのは、「自分の好きなもの」だけ見た場合です。自分のお気に入りの俳優、自分の好きな作家の作品だけ見ていては、地図はじつにいびつなものになり、地図とは言えなくなってしまうのです。

地図は、自分自身を正確に導くものです。情報が一方的だったり、歪《ゆが》んでいたりすると、道しるべにはならないのです。

大好きなアーティストに憧れて、ミュージシャンになりたい、なんて人が大勢います。そういう人は、憧れのアーティストの歌しか聞きません。日本や海外の有名アーティストを聴かないのはもちろんですが、同い年ぐらいの人の歌の実力がどれぐらいか、ライブハウスを回って、調べてみる、なんてこともしないのです。

けれど、同じぐらいの年齢の人の実力を知らなければ、自分の夢がかなうかどうかは分からないのです。同い年の人たちはみんなライバルです。ライバルの実力も知らないで、その世界で勝てるわけがないのです。

料理人になろうとしている人が、自分の目指す料理と、それ以外の料理を食べ続け、調べ続けることで、やがて、一口食べただけで、それがどれだけ美味いか、どれぐらい貴重か、どれぐらい珍しいか、どれぐらい手間がかかっているか分かるようになるのです。それが、「料理に関する地図」ができた状態なのです。

幸福のヒント

・目指す夢、目指す職業の情報を人に聞いたり、本を読んだり、体験したりして、地図を作ろう

15　地図上の自分の場所を見つける

「地図」が出来たら、今度は、自分がその地図のどこら辺にいるのかを知る必要があります。技術がある上手い人たちの地域にいるのか、技術はないけど可能性はある人たちの場所か、可能性は分からないけれどエネルギーに溢《あふ》れている区域か。

俳優だったりアーティストだったり料理人だったりスポーツなどの技術系の人たちは、「自分に関する周りの証言を集める」ということが「自分を知る」手段になります。

じつは、「地図」ができると、人間はわりと客観的になります。

僕の知り合いで、ジャズ歌手を目指してニューヨークに行き、最初の夜に入ったジャズクラブで無名の歌手の歌を聴いた瞬間に「このレベルで無名なのか。これじゃあ、私が勝てるはずがない」と即断して、ジャズ歌手になることを諦めた人がいます。

すぐに人生を軌道修正して、彼女はアメリカの会社で働き始めました。その仕事は、彼女にとってやりがいのあるものでしたから、彼女は「早めに決断してよかった」と僕に語りました。

彼女は、地図を作る過程で、すでに自分の実力を客観的に見られるようになっていたのです。だから、無名の歌手の声を聴いた瞬間に、すぐに判断できたのです。けれど、そんな決断をできる人は少ないでしょう。

「自分のポジション」や「自分の作ったもの」を100%、客観的に見られるのなら、それはすごい才能です。でも、そんな人はなかなかいません。

僕は22歳の時に劇団を作って、自分で台本を書き、演出しました。自分で書いた台本ですから、つい、ひいき目に見てしまいます。稽古しながら、「うん？　ここはひょっとして、つまらないパートか？」なんて思ったりもしますが、「いやいや、大切な部分だから」と自分を納得させたりしました。

そして、初日の幕が開き、観客の前で自分の書いた作品を上演しました。客席の一番後ろで見ていた22歳の僕は、「な、なんて分かりやすいリアクションを観客はするんだ！」と、心の中で叫びました。

自分自身、「ここはダレるんじゃないかな」と思った所は、見事に観客がモゾモゾと動き始めました。「ここは面白いよね」と思った所は、観客の体が前のめりになって集中していることが分かるのです。

つまりは、台本の結果が、じつに分かりやすく示されるのです。そうやって、僕は、自分の作品を客観的に見る訓練を続けました。

演劇の場合は、お客さんの前で見せるので、残酷なぐらい結果が分かりやすく示されます。こんなシステムはなかなか、ないです。

不味《まず》いものを作ったら残される、という料理人は、演劇と同じシステムかもしれません。

そうでない分野では、「観客」を作って同じシステムにするのです。

つまり、聞くのです。いろんな人に、「自分の作ったもの」や「自分自身の評価」「自分の技術」「自分の仕事」を聞くのです。ドキドキするし、つらいし、胸が張り裂けそうになることもありますが、そうやって、自分に関する情報を集めるのです。

自分自身に対して、客観的になる方法は、じつはこれしかないのです。

正直に本当のことを言ってくれる人が、一人いるだけで、ずいぶん助かります。そんな人がいなければ、「正直に教えてくれませんか？」と聞くのです。

誰もいなければ、まず、そういう人間関係を作る所から始めましょう。それは大変だと思うかもしれませんが、じつは「地図」を作っていく過程で、そういう人と出会うことが多いのです。

自分の興味を持った分野を徹底的に取材し、調査している中で、出会う可能性が大きいのです。

「自分は○○になれると思う？」なんていう抽象的な質問は、答える方も苦労します。そうではなくて、具体的な質問をするのです。

「私が足らない所はどこですか？」

「私が気づいてない、私のやるべきことはなんですか？」

とにかく、具体的に聞くのです。

そうやって、自分が作った地図の中で、自分のいる場所を確定していくのです。

幸福のヒント

・正直に本当のことを言ってくれる人を一人見つける

・その人に自分のことを具体的に聞いてみる

16　0か100かを目指さない

これも、僕は折に触れて言ってます。『孤独と不安のレッスン』でも言いました。繰り返して申し訳ないですが、この考え方も、「幸福のレッスン」のために必要なのです。

若ければ若いほど、「0か100」を目指します。

それに気付いたのは、二十代の前半、劇団を創って間もない頃でした。芝居が始まって、序盤でミスをした俳優は、その日はもう心が折れるか、投げやりになるかして、芝居の出来はさんざんになるのです。で、芝居が終わった後、居酒屋で「あー、今日はもう最悪だったよ」なんて言っているのです。

で、ノーミスでうまくいった日は、「あー、今日の出来は最高だったよ」と大喜びしているのです。

その風景を見た時に、「ちょっと待てぇ！　全部ダメか全部オッケーかの二つしかないのか⁉　人生は0か100かじゃないだろう！　序盤にミスをしたけど、なんとかふんばって65点にしたとか、途中までうまくいかなかったけど、最後頑張って43点にしたとか、0と100の間でなんとか生き抜こうというのが人生だろう！

0か100かってのは、子供の発想なんだよ！　それはコインの裏表で、つまりは同じことだぞ！　でも、人生がやっかいでそれでも素晴らしいのは、36点とか82点とか、そういう点数で踏ん張ろうとするからじゃないかあ！」と、面と向かって言うとモメるかもしれないので、心の中で叫んだのです。

試合の最初でミスをするとか、歌いだしを間違うとか、初対面の時にドジをするとか、プレゼンの第一声の時にかむとか、「うまくやろう」と思っているのに、最初の方でミスをすると、つい投げやりになったり、どうでもいいと思ったりしがちです。そして、すべてをリセットして、もう一回初めからやりたいと思います。次はすべてうまくいくぞと、意気込むのです。

けれど、人生は中途半端な所で踏ん張るものなのです。

100点満点を出すことだけが人生の目的ではないのです。

自己流ガーデニングの記事を読んだ時、「こんなの全然、ダメだね。0点だ」と思った人はいないでしょうか。自分にとって100点のものをずっと探している、というのは考え方としては素敵ですが、100点満点のものに出会うことはほとんどないんじゃないかと思います。

100点ではなく73点のものと出会った時に、「100点じゃないからいいや。100点じゃないものは、私には0点ということだから」と決めつけては、もったいないし、きつい人生を生きているなあと思うのです。

48点の夢もあれば、79点の夢もあります。それを受け入れていくこと、目指すこと——それが、幸福を考えることになると思うのです。

幸福のヒント
・0か100になっていないか？ 自分に問いかけてみる
・昨日の状態に点数をつけてみる

17　心のバランスを失うことを恐れない

テレビや映画、舞台で「泣く」演技を見ると、多くの人が嘘をやっています。

人は泣く時、「思わず涙が出てくる」という気持ちと「泣きたくない」という気持ちが同時に起こるのです。

「怒る時」も、そうです。「思わずカッとする」という気持ちと「怒ってはいけない」という気持ちが（人によって、1％から50％以上までさまざまですが）同時に起こるのです。

それは、人間は「心のバランスを失う」ことが怖いからです。

人前でおいおい泣くと、「みっともない」「恥ずかしい」「パニックになる」と、いろいろマイナスの感情が浮かんできます。だから、なるべく、泣きたくないと思っているのです。

でも、感情が高ぶって思わず泣くのです（自宅で、一人、悲しい映画を見ながら泣く、という時は別です。それは、泣いてスカッとしようとしているので、「泣きたくない」という感情はあまり出ません。でも、そこに誰か一人第三者が現れたら、「泣いてはいけない」という気持ちが同時に生まれるのです。怒る時も、我を忘れて病的に怒ってしまう時は、この逆方向のメカニズムは働きません）。

私達は、「心のバランスを激しく揺さぶられること」に対して敏感ですから、当然、「心のバランスを失わせるもの」に対して、慎重になるのです。

そうすると、例えば、恋愛からも距離を置こうとします。

恋愛もまた、「心のバランスを激しく揺さぶるもの」だからです。

なるべく没入しないように、なるべく熱中しないように、なるべくのめり込まないようにするのです。

そうしていれば、苦痛は少なくてすみます。でも、同時に、喜びも少ないのです。うんと好きになって、うんと夢中になって、うんと愛すると、恋愛は大きな喜びをくれます。そして、同時に大きな苦しみもくれるのです。

大きな喜びだけが欲しい、苦しみはなるべく少なくして欲しいと願いますが、それは無理なのです。

恋愛も子育ても仕事も友情も、大きな喜びをくれるものは、大きな苦しみもくれます。相手のことが大好きだから、一緒にいるだけでものすごく嬉しく、だからこそ、相手がいなくなったらそれだけでものすごく苦しいのです。

だから傷つきたくない、苦しみたくないと心を閉じてしまう人がいますが、とてももったいないと思います。いいとか悪いとかではなくて、ただただもったいないと思います。

おいしい料理を食べてしまうと、次もずっと欲しくなるから、一生、食べないと決める人生は、もったいないのです。

大きな喜びをくれるものは大きな苦しみもくれる。そう覚悟して、心のバランスを失うことを恐れないようにするのです。

体には適度な運動が必要です。ずっと部屋の中でデスクワークだけをしていては、体を壊してしまいます。極端に言えば、四畳半の空間に何年も閉じ込められていては、体が壊れます。体を動かすことが大切なのです。

じつは感情も同じなのです。バランスを失うことをおそれ、ずっと心を四畳半の中に閉じ込めていると、やがて、感情は壊れてしまうのです。

散歩したり、ダッシュしたり、ストレッチをするように、感情もさまざまに動かすことが必要なのです。

幸福のヒント
・いろんなものを見たり、聴いたり、出かけたりして、思いっきり泣いたり笑ったりする。
感情の運動のつもりで

18　自分を二つに分けてみる

「自分を客観的に見る」方法のひとつです。

自分自身を「今ある自分」と「ありたい自分」に分けて考えるのです。

「今ある自分」は、今現在の自分です。「ありたい自分」は、理想の自分、こうなりたい自分です。

僕は、25歳の時に「オールナイトニッポン」のラジオＤＪを始めたと書きました。2時間、一人で話すという経験は、もちろん、生まれて初めてでした。

どうしようかと思った時に、「よし、手本を見つけて、それを真似しよう」と考えました。

社会学的には、人間が進歩する方法は三つと言われています。

ひとつは、「権威者教示」。つまり、先生や偉い人に教えてもらうことです。

二つ目は「試行錯誤」。とにかくめったやたら、やってみることです。やってみることで、いろいろと学び、成長するのです。

そして、三つ目が「模倣《もほう》」。真似をすることです。

DJの話し方を教えてくれる先生はいなかったし、「試行錯誤」して失敗したりするとすぐに打ち切りになるので、僕は「模倣」することに決めました。

誰を真似しようかと思ってラジオを聞いていると、あることに気づきました。その当時は、「ビートたけしのオールナイトニッポン」が話題で、ラジオで早口で話す人は、みんなたけしさんの口調になっていたのです。

けれど、たけしさんの口調はネタを含めてたけしさんの口調なのです。切れ味鋭いギャグを、あの口調で言うからおかしいのです。真似をしている人達は、なんでもない内容をたけしさんの真似しながらしゃべっていて、なんだか痛々しく感じました。

この時、僕は「今ある自分」を考えました。僕は25歳の若僧で、とりたててギャグが鋭いわけではない。お笑いを目指しているわけでもない。しゃべりの水準は決して高いわけでもない。

たけしさんの口調を真似している人達は、「今ある自分」を見つめるより、「ありたい自分」に夢中なんだと思いました。

「ありたい自分」は、切れ味鋭いギャグが言える最高のＤＪです。でも、「今ある自分」は、そんなにギャグは得意ではない、よくいる普通のＤＪです。

彼らはみんな、「今ある自分」と「ありたい自分」の距離が開きすぎてると、僕は感じました。だから、聞いていて痛々しく感じるんだと。「ありたい自分」に必死で追いつこうとしている「今ある自分」の距離というかギャップがつらかったのです。

僕は、ラジオ局の若手アナウンサーが話している番組を聞くようにしました。なにげない話題と堅実な進行。爆笑のギャグはありませんでしたが、僕は、こういう話ができる自分になりたいと思いました。それが「ありたい自分」です。これなら、「今ある自分」がなんとか頑張れば、届く距離だと思ったのです。

「今ある自分」と「ありたい自分」の距離が適切に開いていると、人は努力できます。そして、「今ある自分」は「ありたい自分」になることができます。

そうして気がつくと、次の「ありたい自分」のイメージができているのです。それは「今ある自分」より、ほんの少し上のものです。それになるためには、いろんな努力をしなければいけません。そうやって人は成長します。

人が苦しむのは、「今ある自分」と「ありたい自分」との距離が開きすぎている時です。

ネット社会になって、ネットの中だけ「ありたい自分」を演じる人が出てきました。現実に生活しているのは「今ある自分」です。それがあんまりミジメだったり、嫌だったりするので、「ありたい自分」を演じるようになったのです。演じている瞬間は、少しは気が紛《まぎ》れるでしょうが、ネットをやめれば、「今ある自分」が突《つ》き刺《さ》さってくるのです。

イギリスの自己流ガーデニングの女性も、ひょっとしたら「今ある自分」と「ありたい自分」のギャップに苦しんだかもしれません。

空想だから勝手なことが言えます。空き缶や空きビンを前にして「私はこんなもので花を育てる人間じゃない。私はちゃんとした植木鉢やプランターが似合う人なの」と「ありたい自分」を想像し、「だから、こんなもので花は育てないの」と、「今ある自分」を完全に否定したかもしれないのです。

そうしてしまっては、花咲く庭は現れませんでした。どこかで、「だって、私にはそんなにお金がないんだから。それに植木鉢を見せることが目標じゃないし」と、「今ある自分」を自覚し、「空き缶や空きビンに植えた綺麗な花の咲く庭を創れる人になりたい」という「ありたい自分」を目標にしたのかもしれません。

何が幸福なんだろうと考える時、「ありたい自分」にふさわしいものをと考えて、「今ある自分」を無視してはいけないのです。「今ある自分」のほんの少し上に「ありたい自分」を置くことが、幸福を見つけるヒントなのです。

稀《まれ》に、「今ある自分」より「ありたい自分」の方を下にしている人に会います。自己評価がとにかく低いので、「ありたい自分」の方が「今ある自分」より下にあるのです。そんなことはもう実現していますよ、それがあなたですよと言いたくなります。そういう時は、15の「地図上の自分の場所を見つける」で書いた、「とにかく周りの人に聞く」という方法で修正するしかありません。謙虚に周りの声を聞けば、「今ある自分」の位置は分かってくるのです。

幸福は「ありたい自分」からではなく、「今ある自分」から発想します。そして、「ありたい自分」との距離を適切にすることが、幸福に近づくことになるのです。

幸福のヒント

・「今ある自分」と「ありたい自分」を箇条書きにしてみる
・「今ある自分」と「ありたい自分」の距離を文章にしてみる

19　ユーモアを忘れない

映画『となりのトトロ』は見たでしょうか？　新しい家に引っ越した時、メイとさつきは、「お父さん、やっぱりこの家、何かいる！」と叫びます。その時、父親はなんと答えたか、覚えていますか？

「そりゃあ、すごいぞ！　お化け屋敷に住むのが、お父さんの子どもの頃からの夢だったんだ」

僕はこの答えに唸《うな》りました。

子供が何かいると思い込んで怯《おび》えることは、「どうにもならないこと」です。何年も時間をかけて子供が成長すれば、それは誤解と考えるかもしれませんが、引っ越してきたあの時点では、「何かいる！」という思い込みは「どうにもならないこと」です。どんなに説得しても、とくにメイは「何かいる！」と譲らなかったでしょう。

もっとファンタジーに考えれば、まっくろくろすけがいることは「どうにもならないこと」です。

この時「どうにもならないこと」を受け入れることを拒否して「そんなのは絶対にいない！」と叫んでも、受け入れて「気味悪いね」「困ったね」と答えても、子供たちも父親も不幸になったでしょう。

でも、父親は「どうにもならないこと」を受け入れた後、それをユーモアで返したのです。それは、「どうにもならないこと」をポジティブに楽しむことです。そうすれば「どうにかなること」が浮かびやすくなるのです。


「笑い」は、硬直した見方をずらしてくれます。もうだめだ、もうおしまいだ、と思うどんづまりを、「笑い」ひとつがほどいてくれるのです。

例えば、一人が「もうだめだ。もう首くるしかないなあ」とつぶやいた時、もう一人が、「うん。でも、今日の下着、汚くて、このまま死んだら、ものすごく恥ずかしいんだよなあ」と返す。

例えば、振られて落ち込んでいる時、友達から「大丈夫。男は（女は）星の数ほどいるんだから」と定番の慰《なぐさ》めを言われ、「でも、太陽はひとつなんだよ」と返すと

「いや、銀河系以外にもきっと太陽はある」とだめ押しされる。

例えば、有名な古典的なものとしては、第二次世界大戦中、ドイツ軍の空爆で建物が壊れたロンドンのデパートが「本日より、入口、拡張しました」という張り紙を出した、というのもあります。

笑いとは、批評性です。もうこれしかない、もうこの見方しかない、と視野狭窄《きょうさく》（周りが見えなくなること）に陥っている時に、「いや、こんな見方もあるよ」と教えてくれるものなのです。

それは、「笑い」は、「構図」がズレる所から生まれるからです。

メイとさつきの父親の場合は、「何かいる＝お化け屋敷＝怖い」という「構図」に対して、「お化け屋敷に住むのが、お父さんの子どもの頃からの夢」とズラして答えるから、ユーモアが生まれるのです。

例えば、ヒョコヒョコと変な歩き方をしながら舞台に出てくるピエロを子供達が笑うのは、「人間はあんな歩き方はしない」という「構図」があり、それからズレるからです。

笑わない大人は、「いや、ああいう風に歩く人間もいるよ」と認識するので「構図」からズレず、笑いが起こらないのです。

もうひとつ、何度もピエロの歩きを見ていて、「ピエロはああいう風に歩くものだ」という一回り大きい「構図」ができていて、ズレなくなった場合もあります。

一般的に、子供たちの「構図」の方が、狭く、頑固《がんこ》です。

人生経験が少なく、知識もまだまだなので、持つ「構図」が小さく、現実とたびたびズレます。だから、大人より子供の方が笑い易《やす》いのです。

逆に言えば、笑うことで、人は自分の持つ「構図」を自覚し、揺さぶることができるのです。

屋上に立ち、「ここから死んだら楽になるかな」と思った時、「あ、ハードディスクにあるエロ画像、整理しとかないと。あんなの見られたら恥ずかしい」と思わずつぶやくことで、「自分はいま、どんづまりにいると思っている。でも、本当にそうなのか？　もう、すべてが『どうにもならないこと』なのか？」と問いかけるきっかけを持てるのです。

苦しい時のユーモアは、実際に笑えるかどうかは問題ではありません。飲み会やパーティー、友達とのバカ話の時は、「笑えるかどうか」は大切なことですが、「にっちもさっちもいかない時」に語るユーモアは、ふっと体が緩《ゆる》む程度で充分です。それで、思わずにやりとすれば、苦しさに負けて終ることはないのです。

幸福のヒント

・自分が今、大変な状況にいる、と思ったら、にやりとできることを探す
・苦しい立場にいる人が言ったユーモアをネットや活字や友人に聞いて探してみる

20 「受け身のポジティブ」で生きる

画家の横尾忠則《よこおただのり》さんは、自分の生き方を「受け身のポジティブ」と呼びました。

横尾さんは、自分の生き方を一度も、積極的に選んだことはない、と言います。

高校時代、先生の勧めで油絵を始め、美術学校受験を勧められて上京し、先生の助言で受験を取りやめて故郷に戻り、郵便局員志望だったのに、なんとなく印刷所に入り、そこで、求められてイラストを描いたのが、キャリアの始まりです。

つまりは、すべて受け身だったのです。ただ、受け身ですが、いったん引き受けたら、必死にポジティブに頑張った、と横尾さんは言います。その生き方を「受け身のポジティブ」と、ご自分で呼んでいるのです。

「本当に自分はこれが好きなのか?」という問いかけは、真剣になればなるほど、迷います。

僕は、30年以上、演劇の演出家をしていますが「鴻上さんは、本当に演劇が好きなんですか？」と真剣に聞かれたら、「うーん」と答えに迷うかもしれません。

じっさい、40歳ぐらいまでは、この質問を受けたら、「いや、そんなに好きじゃないかも」とお茶を濁《にご》していたと思います。好きになればなるほど、真剣に質問と向かい合いますから、簡単に答えることができなくなるのです。

積極的に何かを選ぶ、ということは、とても怖くて難しいことです。そうできない人もいるでしょう。そういう時、「否定から考える」という方法もありますが、「誰かの決定に身をまかす」つまり「受け身になる」という方法もあると思うのです。

受け身は、決して悪いことではありません。「選んだのは私じゃないから」と受け身である言い訳を続けるだけだと困りますが、受け身で決まったことを、腹を括《くく》って必死で頑張るのなら、受け身である意味もあると思うのです。

「受け身のポジティブ」をモットーにして、横尾忠則さんは、ニューヨークで個展を開き、世界的なアーティストになったのです。

幸福のヒント

・しばらく、「受け身」で行動してみる。ただし、ポジティブに

21 「もうだめだ」ではなく「大丈夫」を使う

「どうにかなること」を前にして、「もうだめだ」と思うか、「大丈夫」と思うかで結果はずいぶん違ってきます。

この本は「幸せは気の持ちよう」というようなことは言わないと、冒頭に書きました。

「どうにもならないこと」は、いくら気持ちを変えても、どうにもならないのです。身長やルックスや人種や生まれた時の家庭環境などは、気の持ちようでどうなるものではなく、受け入れるものです。

けれど、そこからどうするか、どう生きるか、なにをするかは、「どうにかなること」であり、気の持ち方でずいぶん変わるのです。

本当にダメだと思った時に、「もうだめだ」とつぶやくか、「大丈夫」とつぶやくかで、あなたのお腹の中からわき出るパワーはずいぶん変わるはずです。「もうだめだ」は、「どうにかなること」に対して「それはもう『どうにもならないこと』なんだ」と宣言することです。「大丈夫」とつぶやくことは「それは難しいけれど、『どうにかなる』。まだ大丈夫」と決意することです。

本当に苦しい時、本当に追い詰められた時、本当にやばい時、おもわず口から「もうだめだ」という言葉が出そうな時、とにかく「大丈夫」とつぶやいてみてください。じわっと心の奥からとりあえずのパワーが湧いてきます。このパワーをもとに、踏ん張るのです。

「なんだよ、結局、気の持ちようってことじゃないかよ」と思った人もいるかもしれません。

みんな、苦しい時を生きています。あきらめた人から「もうだめだ」とつぶやきます。そうすると、表情からも体からも元気が失せ、エネルギーがなくなり、マイナスの雰囲気が漂い始めます。

あなたは、マイナスやネガティブな雰囲気の人と、プラスというかポジティブな雰囲気の人と、どっちと一緒にいたいですか？

暑苦しいポジティブは嫌ですが、一緒にいると元気になったりエネルギーをもらえたりする人といたいと思いませんか？　どうせなら、そういう人と仕事をしたり、食事をしたり、同じ空間を共にしたいと思うんじゃないでしょうか。

「もうだめだ」か「大丈夫」とつぶやくのは、ただ「気の持ちよう」が変わるだけではないのです。それは、あなたの生きるエネルギーの量を変え、あなたの雰囲気を変え、あなたの周りに集まる人の数と質を変えるのです。

本当に苦しい時「大丈夫」とつぶやく人がいたら、みんなその人の周りに集まります。そして、その気持ちをもらって、助け合い、なんとかしようとするのです。

本当に苦しい時「もうだめだ」とつぶやいた人の周りから、人は去ります。一緒に努力してくれる人も助けてくれる人もいなくなるのです。

僕は30年以上演劇の演出家をやっています。舞台は生《なま》ですから、いろんなことが起こります。

ブロードウェイがとってるようなシステム——俳優の誰かに問題が起こったら、すぐに別人が同じ役をやるという（アンダースタディといいます）を選んできませんでした。そんな余裕がなかったという理由もありますし、誰かが事故を起こさないと役が手に入らないというシステムがそもそも嫌だという理由もあります。

結果、初日の前日に俳優が骨折しただの、公演中に俳優が風疹《ふうしん》にかかるだの、本番なのにスタッフが来ないだの、いろんなことに直面しました。これからも、もちろん直面するでしょう。その時に「もうだめだ」とつぶやくか、「大丈夫」とつぶやくかによって、問題に向き合う勇気とエネルギーが根本的に違ってくるのです。

とりあえず、何の根拠も保証もないまま、「大丈夫」とつぶやいて、心にパワーをためるのです。

そして、「どうにかなること」を丁寧に見つけていくのです。

まだ半信半疑なら、今度、なにか問題が起こって、「もうだめだ」と言いそうになった時に「大丈夫」とつぶやいてみて下さい。1回で足らなかったから、10回でも20回でも。その結果にきっと驚くはずです。

幸福のヒント
・「大丈夫」をログセにしよう
・「もうだめだ」と「大丈夫」を交互につぶやいて、その違いを感じてみる

22 「めんどくさい」がすべてを腐らせる

「もうだめだ」以上に言ってはいけない言葉は「めんどくさい」です。

この言葉は、全てを腐《くさ》らせます。あなたが変わる可能性も、幸福に出会う可能性も、何かを見つけるチャンスも、すべて「めんどくさい」という言葉が台無しにします。

私達はなまじ賢くなってしまったので、いきなり全体が見えます。自分が何をしなければいけないか、何が求められているか、終わるまでどれくらいかかるか。

そうすると、全体の量に驚き、怯え、始める前に、「めんどくさい」と思ってしまうのです。

昔、中学校のマラソン大会の時、体育の先生が、「ゴールのことを思ったら、気が滅入る。走っている時は、目の前の電信柱まで行こうと思うんだ。そして、その電信柱まで来たら、次の電信柱まで行こうと思うんだ。そうやって気がついたらゴールにたどり着くんだよ」と言った言葉が忘れられません。
全体を考えず、目の前のひとつひとつを粛々《しゅくしゅく》とかたづけていく。
判断を一時、保留してもいいでしょう。
大変さとかしんどさとかを判断しないのです。とにかく、やってみるのです。
それが「めんどくさい」に負けない方法なのです。

幸福のヒント

- **「めんどくさい」と、絶対に言わない**
- **目の前のことに集中する**

23　自分を好きになる

一番、ポジティブに受け止めないといけないものは、あなた自身です。

けれど、自分を嫌いな人は多いです。

「進化心理学」的に、「幸福」より「不幸」を優先する理由を11では考えました。

一般的な心理学では、「やがて来る失望をやわらげるために、不幸を考える」と言われています。

うまくいくと期待してしまうと、いざ失敗した時に激しく落ち込むから「どうせ成功するはずはない」と先に思うということです。一瞬、納得する説明なのですが、よく考えると「それ、おかしくない?」と思うのです。

「期待すると失敗した時につらいから、どうせダメだと思う」という部分は分かります。だから「どうせフラれるんだから」「どうせうまくいくはずないんだから」「どうせ不合格なんだから」と先に思うわけです。

でもね、そう思うと悲しい気持ちになりますよね。やがて激しく落ち込むから、先に「どうせダメだ」と思うんだけど、そう思った途端、悲しみが始まるわけです。

もちろん、本当にダメだった時の悲しみに比べたら少ないんですが（だから、先に『どうせダメだ』と思うんですが）、その瞬間から、実際に結果が出るまで、ずーっとながーくうすーく悲しい気持ちが続くのです。これって、結構なダメージになると思いませんか？

つまり、「長時間×少しの悲しみ」の総量を計算したら、期待していきなりダメだった時の悲しみと変わらなくなるんじゃないかということなのです。

で、実際にダメだったら、またそれなりに悲しいわけですから（どんなに先に悲しんでいても、実際にそうなったらやっぱり悲しいはずですから）、結果的には、「どうせダメだ」と先に思った方が、悲しみの総量は多くなっているんじゃないかと思うのです。

でね、そもそも、前提が僕は納得できないのですよ。

期待すると失敗した時につらいから、「どうせダメだ」と思う――だったら、「期待する」のをやめればいいだけなんじゃないかと思うのです。

オーディションや試験に向かって必死に努力する。その時、期待しないで、ただ粛々と努力する。期待も絶望も楽観も悲観もしないで、ただ、努力する。目の前のやるべきことをやる。それだけで、「期待する」ということをやめられるんじゃないかと思うのです。

そんなこと簡単にできるわけない、と思っている人は、やっぱり、0か100かの考え方にとらわれている人です。期待することを0になんかできません。でも、「期待すると失敗した時につらいから、どうせダメだと思う」と考える人は、期待が100の人です。期待するか期待しないかの二つにひとつしかない人なのです。

35点ぐらいの期待に抑えれば、失敗した時に、反動で深く落ち込むことはありません。でも、期待する時はいつもオートマチックに100期待してしまうのは、とても強欲な人なのです。

でね、「自分を嫌いな人」というのも、やっぱり僕は強欲な人だと思うのです。自分に期待する気持ちが、0と100の二つしかないから、その反動で、自分を嫌いになるんだと思うのです。

「そんなことない。だって、自分は本当にダメで最低でどうしようもない奴なんだから」と反論する人はいますが、そういう人は、他の「ダメで最低でどうしようもない奴」に対して、そこまで嫌いにはなりません。自分だから、そこまで嫌いになるのです。

それはやっぱり、100期待している裏返しなのです。34点とか43点は、期待が大きいから0点と同じなのです。他人は56点の人は56点の人なりに認めます。でも、自分は、100しかないと思っているので、68点でも全然ダメ、「自分は最低」と思ってしまうのです。

こう言うと、「違う。他の人の中で自分が一番ダメなんだ」と反論した人もいました。その人は、他の人の性格や行動をすべて知っているとでも言うのでしょうか。他人の水準をすべて理解して、冷静に判断して、自分は最低の0点だと判断したのでしょうか。そんなバカな。

「問題を理解していること」と、「問題を解決すること」はイコールではありません。理解しているから、すぐに解決できるというわけではありません。けれど、少なくとも「問題を理解していること」が、問題を解決するための必要な手順です。

自分を嫌いな人は、誰よりも本当は自分のことが大好きなんだ――このことを自分で認めないと話が始まらないのです。

だって、本当に嫌いな人に対しては、関心がなくなります。何をしていようが、どうでもよくなります。

自分に対して、どんな服を着ようとか、何を食べようかとか、どこで寝ようとか、本当に関心がなくなった時が、本当に自分を嫌いになった時だと思います。

そうでない限りは、自分を嫌いと言っている人は、自分が大好きなのです。ただ、どうやって好きになったらいいか、丁度いい好きになり方が分からないのです。それは、強欲なので、0か100かの好きになり方しか選択の余地がないからです。

今日は35点ぐらい好きになり、明日は54点ぐらい好きになり、明後日は戻って28点ぐらい好きになる――そうやって、自分とつきあうしかないのです。そうすれば、「自分のことが嫌いだ」とは簡単には言えなくなるのです。

結婚式のスピーチはうんとほめてあげて下さいと知人が言っていました。人生の中で、人前でほめられる、なんてことは普通の日本人にはないのです。新郎・新婦になった時だけ、おおっぴらに人前でほめられる瞬間なのです。

たまに、素人の人が（多くは新郎の友人ですが）、新郎の失敗談やエッチ話を楽しそうに話す人がいます。たいていはすべって悲惨な空間が現れます。

私達日本人は「否定でコミュニケイション」する人が多いです。

「おう、ブス」「相変わらず胸ないねー」「太った？」「珍しく仕事ができるね」「別人が書いたのかと思ったよ」「この子は頭、悪いから」……すべて、否定の方向で表現するやり方です。

否定を相手にぶつけると、相手は反応せざるをえません。「このレポート、すごくいいよ」と言う代わりに「このレポート、本当にお前が書いたの？　嘘だろ？」と言えば、相手も「私が書きましたよ」と言わざるをえないのです。

ですから「否定のコミュニケイション」をぶつけると、とりあえず、相手は反応して、会話は続くことが多いのです。

私達は、話した以上は相手に答えてもらいたいと思います。だから、思わず、「否定のコミュニケイション」を使うのです。

そういう「否定のコミュニケイション」に小さい時から囲まれていたら、そういう育てられ方をしたら、自分を否定することも簡単になります。

85点のテストを持って帰って、親から「すごいね。85点なんだ！」と言われた子供と、「あと15点で100点だったのに……」と言われて育った子供は、「自分自身に対する態度」が全然違ってくるだろうなと思うのです。

自分を嫌いな人が自分を好きになることは、簡単ではありません。

でも、それは、幸福を見つけるためには重要な条件だと思います。

この本に書かれているヒントは、「自分を好きになる」方法でもあります。

自分を嫌いな人の役に立てば嬉しいと思っているのです。

幸福のヒント

・100点の期待をやめて、35点の期待にする

・何点の自分なら好きになれるか、考える

24　強引に楽しむ

昔、アーティストの日比野克彦さんと一緒に新幹線に乗りました。二人とも、読むべき本もなくて、退屈していると、日比野さんが「じゃあ、鴻上さん、駅弁の包装紙で感動しましょう」と言い出しました。

なんのことだろうと思っていたら、日比野さんは、少し前に食べた駅弁の包装紙だけを取り出し、広げました。それは、富士山と海、そして浜辺の絵が描かれたものでした。

しばらくそれを見つめた後、「おお、この青が素晴らしい!」と言いながら、包装紙に書かれた海を日比野さんは指さしました。「このなんとも言えない深みを拒否した青が素晴らしい」。

そして僕の顔を見て、にやりと微笑みしました。僕は「?」となりましたが、やがて、「おお、この富士山の稜線《りょうせん》のカーブがすごい。素朴な手描きに味わいがある」と富士山を指さしました。

しばらくそれを見つめていた日比野さんは、「この雲が美しい。じつに、雲らしい雲だ」と指さしました。今度は僕が、「この波の表現が美しい。一瞬の波をつかまえ、永遠に固定したかのような描写です」と返しました。

そうやって、二人は、なんでもない駅弁の包装紙を1時間ぐらい見つめ、発見し、語り合いました。初めは、冗談の方が強かったですが、途中からだんだんと「本気でほめよう」という意識が強くなってきました。そう思って手描きの風景を見れば、いくらでも、ほめられる所は見つかるような気がしたのです。素朴な絵もいいもんだと、僕はなかば本気で思うようになりました。

楽しめそうにないものも、強引に遊び始めると風景が変わります。少々、難度は高いですが、楽しむ心があれば、なんとかなるものです。その時間はとても楽しいものですし、発見も意外にあるのです。

幸福のヒント
・身近なものをひとつ、強引に楽しんでみよう
・友達と「くだらないもの自慢」をしてみよう

25　思ってるとそうなる

演劇の演出家を30年以上続けてきて、さまざまな人間の集団を見てきました。劇団を持つかたわら、プロデュース公演という形で毎回、新しい人と芝居をしています。

30人から50人ぐらいの集団と、毎回、出会うのです。

その時、「集団は苦手だな」と身構えている俳優やスタッフに対しては、他の俳優やスタッフは身構えて接します。

人間はそんなに強くないので、相手のことまで面倒を見られないのです。相手が微笑んで心を開いていると、こっちも微笑んで心を開きますが、相手が強張《こわば》って心を閉じていると、こっちも同じように強張って心を閉じます。

相手の強張った心を、こっちのおおらかさや温かさ、広さでほぐしてあげよう、なんていう余裕のある人は、仕事の現場にはなかなかいません。みんな、自分の仕事で必死ですから、心を開いている人には開き、閉じている人には閉じます。

もろちん、相手が舞台は初めての若手スターでとても緊張している、なんていう場合は、プロデューサーや演出家はがんばってほぐそうとします。でも、それは彼や彼女を見たいと思っている観客が何千人、何万人もいるからです。それでも、心を閉じ続けていると、周りは同じように心を閉じます。

険悪な人間関係は、仕組まれたものだと思いがちですが、多くの場合は、自分が無意識に準備したものです。


思ったようになる、つまり「思考は現実化する」という言い方がありますが、それはオカルトとか超能力とかの意味ではなく、「あなたの態度が周りに影響を与え、それがあなたに返って来る」という意味です。

「この人、嫌い」と思いながらその人に接したら、間違いなく相手に嫌われます。あなたの態度の端々《はしばし》に、意識的にも無意識的にも、相手に対する嫌悪が現れるからです。嫌われている相手を好きになる人はいません。

「この人に嫌われる」と思って接するのも同じです。

嫌われると思えば、心を閉じます。積極的に開くことはありません。心を閉じている人には、相手は同じように心を閉じるのです。

「この仕事は失敗する」と思ったら、必ず失敗します。心のどこかに「失敗する自分」を想像し、それを許しているからです。

よくツイッターでネガティブな文章だけをつぶやいている人がいます。その人の人生がポジティブに変わることはないだろうと思います。ネガティブをつぶやいている人の周りには、人は来ません。

みんな、必死で生きていて、なんとかポジティブになろうとしているのです。その時、なにかあるとネガティブを語り続ける人を好きになろうとか、助けようとか、傍《そば》に寄ろうとか、思うはずがないのです。人間は、そんなに強くはないのです。

あなたは信じられないかもしれませんが、ネガティブなことは、思ったようになります。ポジティブなことは、かなり強烈に思い込まないとなかなかなりません。

それは、例えば「この仕事を好きになろう」と思っていても、いろんなことがあると、「やっぱり、好きになれないなあ」と時々、思うからです。

幸福より不幸、肯定より否定に人間は敏感だと書きました。肯定的なイメージより、残念ながら、否定的なイメージの方が強く人間を縛るのです。

1日22時間、「この仕事を好きになろう」と思っていても、残りの2時間、「やっぱりムリ。この仕事、嫌い」と思ったら、思考は、「この仕事嫌い」の方向で現実化するのです。

「自分は運がいい」と思い込むことも同じです。一日、23時間、「自分は運がいい」と思い込んでいても、残りの1時間「やっぱり、自分には運がないや」と思ってしまうと、「運がない自分」のイメージの方が強烈に自分に残るのです。

それでは、いくら23時間、自分は運がいいと思い込んでいてもダメなのです。

ちなみに、「自分は運がいい」と信じ込んだら、本当に運がよくなるんでしょうか？　僕は、オカルトとか超自然現象とか大好きで、そういう本を中学生の時から読みあさりましたが、基本的に信じていません。「運がいい」と信じたら「運がよくなる」とはまったく思っていません。そもそも、「運がいい」という現象があるとも思っていません。

でも、僕は自分自身を「とても運がいい男」だと思っています。「運がいい」「強運だ」と30年以上言ってきたので、周りもだんだん「鴻上さんは運がいい」と言うようになりました。

でも、神秘的な意味で運がいいなんて僕は思っていません。すべては偶然と努力の産物だと思っています。

ではなぜ、「運がいい」と言い続けるのか?

何度も言いますが、みんな必死です。運に頼らないと「もうだめだ」と言ってしまうかもしれません。そんな時、「運がいい」とノンキに、しかし力強く言っている人物がいたら、その傍に寄りたいと感じると思いませんか?

「とりあえず、あの人は運が強いらしいからあの人を信じよう」とか「あの人に任《まか》そう」とか「あの人に頼ろう」と、周りが考えると思いませんか? それがパワーになり、情報と資金と人材とチャンスが集まるのです。

それは「私は強運なんだ」と言い続けることで実現するのです。

だって、「私は運がない」「私はここ一番に弱いんだ」「私はビンゴとか当たったためしがないんだ」なんて言ってる人の傍に、あなたは集まりたいですか? そんな人に仕事を任せたいですか? 一緒に食事して話したいですか? 僕は絶対に嫌です。

嘘でもいいから、本当に嘘でもいいから「なんか、ツイてるんだよね。人生、ものすごくラッキーが続くの」と陽気に言っている人の傍に行きたいと思います。

そういう意味で、「思っているとそうなる」のです。だから、ネガティブな思いに負けず、24時間、ポジティブな思いを目指すのです。

あなたが、何かなりたいものが明確にあるのなら、そして、「今ある自分」との距離が遠いけれど、毎日、一歩一歩歩いていけば、なんとかなりそうな距離なら、24時間、思い続けることです。

有名な言葉があるじゃないですか。「散歩のついでに富士山に登った奴はいない」。24時間、富士山を目指して歩いていくから、結果的に山頂に登れるのです。時々登って、時々散歩していては、絶対に富士山の頂上にはたどり着かないのです。

ただし、「今ある自分」と「ありたい自分」のギャップの話をしましたが、あんまり距離がありすぎる思い込みは、返って自分を苦しめます。

「オリンピックに出たい」「ミスユニバースで優勝する」「いきなり部長になる」「スターになる」……そんな、「今ある自分」から距離がありすぎる思い込みを24時間続けようと思っていると、体を壊します。無理してはいけないのです。

幸福のヒント

・「自分は運がいい」と繰り返し口にする
・「実現したい思い」を考え、声に出してみる

26　旅に出てみる

一人旅に出たことはありますか？　最近はどうですか？

幸福のヒントが見つからないという時、同じ場所をぐるぐるしながら探してもうまくいかないことが多いです。

僕が二十代の頃は、「若い奴はとっとと海外に一人旅にいくものだ」という半《なか》ば強制のような雰囲気がありました。

基本はアメリカ一人旅、オシャレ系はヨーロッパ一人旅、こだわり派はアジア一人旅、その中でもディープな人達はインド没入、という風潮でした。

僕も、二十代の前半、半ば義務感でまずアメリカに一人で行きました。ドキドキしたし怖かったですが、行ってしまえばなんとかなるものです。

G8に参加している先進国の中で、パスポート取得率が最低の国はどこだと思いますか？　最下位は実は日本です。その割合、24％。次がアメリカで35％。イギリスは70％。ヨーロッパだから多いと思うかもしれませんが、カナダも60％です。お年寄りから子供まで含めてこの数字ですから、かなりなものです。

日本もアメリカも、共に、パスポート所持率が少ないのは、「自分の国の中にいて、自分の国を出る必要もつもりもない国民」だからのような気がします。

特に最近、この国を出るつもりもないし、出る必要もない、と思う人達が増えてきたと思います。

でも、いつもの場所から動かないで「つまらない」「変わらない」「見つからない」「退屈だ」と言っていてもしょうがないと思うのです。

人は見たいものしか見ていません。あなたの日常が何も変わらず、同じことしか続かないと思っているのなら、あなたはそういうものを見たいからです。

僕は三十歳になって、初めて取った運転免許は、原付でも自動車でもなく、バイクの中型免許でした。４００ccのそれなりのバイクが届いた日、僕は自分の住んでいたマンションの前から出発しました。いつもの駅への道を進もうとした時、いきなり、警官の人に止められました。

「そこは一方通行だから入れないよ」

警官の人は、きつい口調で始めましたが、今日が初めての運転で、初めてのバイクだと分かると、柔らかな態度に変わりました。そして、「交通法規をちゃんと守るんだよ」と言って去っていきました。

そう言われて周りを見ると、僕の住んでいるマンションの前には、一方通行だの速度規制だの駐車禁止だのを示す交通標識がぐわっとありました。

もちろん、ずっと前からそこにはたくさんの交通標識があったのですが、自分がバイクの免許を取ってバイクにまたがるまで、見えてなかったのです。より正確に言えば、見ていたけれど見ていなかったのです。

人は自分が見たいものしか見ないのです。

自分に関係のないものは存在していても見ない、という言い方もできます。

「旅」は、そういうものの見方をリセットしてくれます。街の人にとってなんでもない風景が、旅人にとっては感動的なものというのはよくあります。日常だとなんでもないことが、旅で経験すると感動する、ということもあります。

そうやって、固定的なものの見方をリフレッシュするのです。

バイクにまたがり、僕はまさに小旅行に出ようとしたのです。そして、いきなり、バイクの新しい世界（交通標識）とぶつかりました。

僕は旅に出て、いろんなことを経験しました。自分以外のものの見方を知りました。それは、僕自身をずいぶん楽にしてくれました。南の島で何が起こったかは、前述しました。


旅行に行くのなら、一人がお勧めです。二人だと「日本（または日常）をそのまま連れて行く」可能性が高いからです。

以前、ロンドンのヒースロー空港で、若い女性が二人「イギリスなんか何にも面白くなかったよね」「そうよ、全然、面白くなかった」「あのお店なんか原宿の〇〇の方がよかったよね」「うん。渋谷の△△も、もっとよかった」と話し続けている風景を見ました。彼女達は、ずっと二人で話していました。ロンドンにいながら、ずっと日本を連れて来たんだなあと思いました。

それでは、海外に行く意味がないだろうと思うのです。

一人で、今までとまったく違う経験をするから、海外に行く意味があるのです。

女性一人だと危険だと思う人もいるかもしれません。

でも、じつは、女性二人の方が危険なのです。女性二人だと、海外で男に声をかけられても、自分で判断しません。もう一人と「え〜、どうしよっか。どうする?」とお互いが判断を譲り合うのです。

でも、一人の場合は自分で必死で判断します。この人、笑顔だけど目の奥が笑ってない、とか真剣にジャッジするようになるのです。

ですから、行き詰まっているとか、袋小路に入っているとか、展開が見えない、なんて思ったら、とっとと一人で旅に出るのです。

旅に慣れてない人は、まず、国内からでもいいでしょう。国内なら、一人でもそんなに怖くないでしょう。

旅は、「仲のよい人達と楽しく行く」ものと、「出会い、発見を楽しむ」ものと二つに分かれます。

僕はもちろん、「仲のよい人達と楽しく行く」旅行を否定しません。それは、とても楽しいものです。

でも、「何か」や「誰か」と出会い、「何か」や「自分」を発見し、今までの見方や態度と違う人生を生きるきっかけにしたいのなら、一人で行くべきです。

ですから、国内でも、そういう目的の時は、「日常をそのまま、連れて行く」ということは避けた方がいいと思うのです。

親しい友達と一緒に国内旅行に行って、わいわいと騒ぐのは素敵です。でも、結局、旅館の食事を一緒にしたら、あとは二人でずっとテレビを見ていた、これなら自分の家と変わらない――なんて体験は、どっちつかずでもったいないと思うのです。

さあ、ムズムズしてきたら、とっとと自分の日常から飛び出して、旅に出ましょう。パソコンやテレビの前に座っているだけでは、あなたの人生は変わらないのです。

幸福のヒント
・行き詰まったら、どこでもいいから一人旅に出る。今すぐ
・友人から、お勧めの都市や国を聞いておく
・まずは日帰りや一泊二日の小旅行から

27 プライドに振り回されない

僕が26歳の時に、紀伊國屋ホールという劇場で『朝日のような夕日をつれて』という作品を上演しました。自分で言うのもなんですが、かなりの話題になりました。紀伊國屋ホールは、多くの劇団が上演したがる劇場でした。

そこで、若干26歳の演出家と二十代前半の俳優達が作品を上演したのです。

その選択をしたのは、紀伊國屋ホールの支配人と劇場スタッフでした。多くの伝統的な劇団の反対を押し切って（そんな若手に劇場を貸すと、自分達が使えなくなりますからね）、僕達は上演しました。

これまた自分で言うのもなんですが、その作品は衝撃的で斬新《ざんしん》だったのだと思います。観客は熱狂し、毎日、当日券を求めて数百人が早朝から並び、２００人ほどが毎日、入場できないで帰りました。

噂を聞いて、いろんな演出家、劇作家、映画監督、TVディレクター、俳優達が見に来ましたが、みんな劇場を出る時には、驚いた顔を隠して、平静を装っているように感じました。

ただ、蜷川幸雄《にながわゆきお》さんだけは違いました。その当時、もうイギリスでも作品を上演し、日本を代表する演出家になっていた蜷川さんは、『朝日のような夕日をつれて』を見終わった後、出口近くに立っていた僕の所にすーっと歩み寄って、「面白かったよ。とても、俺にはできないよ」と言って、帰っていったのです。

その時、蜷川さんは50歳。僕は感動しました。自分が50歳になった時、二十代の若造の作品を見て、こんなに正直にフランクに感想を言えるのかと、思わず自問しました。

それ以降、僕は「余計なプライドは持たない」と肝《きも》に銘《めい》じました。「50歳の俺が、二十代の若手の作品をほめるなんて嫌だ」なんていう妙なプライドは絶対に持たないようにしようと決めたのです。

すごいものはすごい、素敵なものは素敵、そう認めることで、次に進めると思っているのです。

いろんな素敵なものに出会い、でも、素晴らしいからこそ悔しい、認めたくない、ほめたくない、というのは人間の自然な気持ちです。でも、そこから一歩踏み出すと、見えてくる世界もあると思います。

と言って、それは草食動物のように戦う気持ちを放棄しろということではありません。

「心に怪物を飼え。決して安定するな」

これは、蜷川さんがいつも言っていた言葉です。心に怪物を飼い、のたうちながら作品を創っていけというのです。

一度、蜷川さんに「いいか、鴻上。作品を作る動機はな、嫉妬《しっと》とか妬《ねた》みとか怒りとかだぞ。お前みたいにボーッとした顔して、起きてんだか寝てんだか分かんないようなノンキな顔してたらダメなんだぞ」と言われたことがあります。

僕は「心の中に怪物を飼う？　……そりゃ、大変だよ。疲れるよ。蜷川さんみたいに胃潰瘍《いかいよう》になるよ。怪物は嫌だなあ」と思うタイプなんですが、それでも、プライドに振り回されて、素直になれない時があります。

まして、蜷川さんはもっとあるでしょう。なのに、僕の芝居を見て、「面白かったよ」と言ったのです。その時、蜷川さんの心の中の怪物はのたうち回っていただろうと思います。

それでも、プライドに振り回されない方を選んだのです。本当にすごいと思います。

もちろん、丁度いい大きさの怪物を飼うことが大切です。

「今ある自分」と「ありたい自分」との距離が大きすぎて、コントロールできない怪物を飼ってしまうと、本当に胃を食い破られてしまいます。まず、小さな怪物から始めましょう。

幸福のヒント

- 余計なプライドを捨てる
- 心にまずは小さな怪物を飼ってみる

28　欲望に振り回されない

プライドに振り回されるのは、男性が多いです。そして、欲望に振り回されるのは、女性が多いようです。「男は見栄っ張りで、女は欲張り」ということです（もちろん、どんなものにも例外があります。これは一般的な傾向です）。

体面とか見栄とか外面を気にして、幸福になるきっかけを失ってしまう男性は多いですが、女性は、男性が気にするほど体面を気にしません。

それより、自分の欲望を気にするのです。「ファッション雑誌とか見てると、欲しい洋服やバッグやアクセサリーとか一杯でくらくらする」。「街でお店を見て回ると、あれもこれもどれもそれも欲しいものばっかりで目が回ってしまう」。

そんなことを言う女性がいます。

が、こんな言葉もあります。

「私がヴィトンを欲しいのは、たくさんヴィトンを欲しがっている人がいるからであって、そういう人がいなければ、私にはヴィトンを欲しがる意味がない」

これは、一時期、買い物依存症になり、出版社から前借りを続けた、作家の中村うさぎさんの言葉です。

これは、欲望の本質を見事についた言葉だと思います。

私達は、「自分がこれが欲しい」と思っているから欲しいんだと思い込みがちですが、本当は「みんなが欲しがっているから」自分も欲しいのです。

「欲望とは他者の欲望である」という言葉を言った哲学者もいました。

欲望が強い人は、じつは、たくさんの他者の欲望を自分の体に入れた人なのです。いろんな人の欲望の視線を自分の体に入れ、他人の感性を自分の感性としたから、たくさんの欲望を感じるのです。

欲望が少ない人は、他者の視線を意識することが少ない人です。

欲望を感じることは健全なことです。欲望があるから、人は活動を続けられるのです。欲望があるから、「幸福になりたい」と思うのです。欲望があるから人は孤独ではなく、人とつながるのです。

「足《た》るを知る」という老荘《ろうそう》思想の言葉を出して、「欲望を持たないように」と言う人がいます。けれども、この言葉はもともと、金持ちや権力者、王族に対して「人間の欲望には限りがない。追求しても終わりがない。今ある現状で満足しなさい」という戒《いまし》めの意味でした。

本当の意味で、現状に満足して何も欲しないと、経済活動は止まってしまいます。「足るを知る」で終わっては、何も始まらないのです。

ですから、適度な欲望は必要だと僕は思っています。強欲でも無欲でもなく、「適欲」です。

有馬稲子《ありまいねこ》さんという日本を代表する女優さんと先日、会いました。有馬さんは83歳なのに、お世辞抜きで若々しくお美しく見えました。「若さと美しさの秘訣はなんですか?」とお聞きすると、「欲ですかね」と有馬さんは控えめにお答えになりました。まだまだ、美しく見られたい、魅力的でありたい、旅行にも行きたい、美味しいものも食べたい、そういう「欲」があるから、若く活動的でいられるのです。

ですが、「欲望があること」と「欲望に振り回されること」は別です。

と、文章で書くのは簡単なのですが、実際に振り回されている人が、振り回されないようにするのは大変です。

ファッションにお金を使うなんて信じられないという人が、書籍に湯水のようにお金を使う場合もあります。「物欲」はそんなにないと言う人が、「食欲」に溺《おぼ》れている場合もあります。人によって、溺れる欲望、振り回される欲望は違うのです。

「欲望とは他者の欲望である」という欲望のメカニズムを充分に理解している中村うさぎさんでさえ、それでも買い物依存症を止められなかったのです。メカニズムを理解していることと、それを止めることはイコールではない、ということです。

けれど、メカニズムを理解すれば、少しは距離が取れるのも事実です。中村さんは、買い物依存症の後、男性ホスト依存症、美容整形依存症と続きました（「症」と書いていいかどうかは迷います）。

そのたびに、欲望に溺れる自分とそれを客観的に見つめる自分を描写してきました。その行為がなかったら、どうなっていたかを想像すると、もっと盲目的に没入していたんじゃないかと思うのです。

欲望に溺れるのは、その欲望を手に入れることしか関心がなくなった状態でしょう。他人の視線を体に入れすぎて、自分が見えなくなり、欲望そのものしか見えなくなった状態です。

昔、金儲けそのものが目的となる、バブルの時代と呼ばれる時期がありました。公共事業も、狂ったように行われました。こんな田舎にこんな立派な道路がいるのか？と思われるような工事がたくさんありました。

3時間かかる所が、立派な道路ができたから1時間半で行けるようになった――その場合、「残った1時間半で何をするのか？」が、立派な道路を造った意味なのです。その時間で、早く家に帰って家族と過ごすのか、本を読むのか、のんびりするのか、友達と遊ぶのか。

けれど、バブルの時代、その残った1時間半で人々は建設資材を素早く運んで、次の道路を作ったのです。もう、そんな山奥に立派な道路を作る必要も意味もないのに、です。つまり、道路を造ることそのものが、目的となってしまったのです。本当は、道路を造って時間を生み出して、何をするかが大切なのに。

常にその欲望に振り回され、その欲望に溺れてしまう日常を送るのは、はっきり言えば「他に何も興味があることがない」からだと思うのです。道路を造ること以外、何も考えられないことと同じです。

治療が必要な病的で過度な依存は別として、そんな状態から脱出するためには、「欲望に溺れないようにしよう」と思うのではなく、「他の興味あることを見つけよう」とすることが大切なのです。

買い物が頭から離れなくなったら、スポーツを始めるとか、料理を習ってみるとか、とにかく、自分の欲望を分散させるのです。

間違っても、「買い物に溺れないようにしよう」と、ネガティブを自分に命令しないこと。「禁止」や「否定」の命令は、あまり効果も意味もありません。

そして、結果的に「欲望」と距離を取るのです。「欲望」を禁止するのでも、抑えるのでもなく、他の「肯定的な行動」「興味」を増やして、欲望に振り回されることから逃げるのです。

ちなみに、欲望の象徴、お金に関しては、僕は、西洋の諺《ことわざ》をいつも思います。

「お金はあなたを幸福にはしないが、不幸な時に、あなたを快適にする」

お金があれば幸福になるというわけではない——それはみんな知っています。

お金持ちの不幸な事件も離婚も親子対立も、私たちは知っています。お金があることは、幸福の「十分条件」ではないのです。

けれど、お金があると、あなたが不幸な時、美味しいものを食べたり、エステに行ったり、温泉に入ったりして、とりあえず快適にしてくれるのです。不幸なまま、快適にしてくれるのです。お金はあった方がいい——というのは、この意味だと思います。

もちろん、文化的で最低限の生活を保証する、という意味でもお金は絶対に必要です。生活するためのお金が足りないという状況は、お金という欲望に振り回されているのではなく、生活に振り回されている状態です。

幸福のためには、ある程度のお金は必要です。それが、どの程度なのかは、どんな欲望を持っているのか、そして、どれぐらい振り回されているのかで決まるのです。

幸福のヒント

・あなたが今欲しい物は何ですか？
・欲しい理由を考えてみる
・あなたが今欲しい物は、みんなが欲しがっているから自分も欲しいのでしょうか？

29 欲求を考える

アメリカの心理学者、マズローの提唱した「欲求5段階説」というものがあります。あなたも聞いたことがあるかもしれません。

人間の欲求をピラミッドのような重なる形で表示しました。

ピラミッドの一番下、第1階層は「生理的欲求」です。生きていくための基本的・本能的欲求です。水や空気、睡眠、食料、排泄《はいせつ》、セックスなどへの欲求です。

この欲求がみたされると、ひとつ上の第2階層は「安全の欲求」になります。危機を回避し、安全・安心な暮らしがしたいという欲求です。雨露《あまつゆ》をしのぎたい、健康に暮らしたいという欲求や、経済的に安定したい、突然会社にクビと言われるような生活はしたくない、財産も守りたい、というような欲求です。

この「安全への欲求」がみたされると、次は、第3階層、「所属と愛の欲求」になります。

集団に属したり、仲間を求めたりする欲求です。信頼できる会社の仲間がいるとか、暖かい家庭を持っているとか、親友がいるとか、夫や妻と親密である、という状態なら、この欲求はみたされます。

この欲求がみたされると、次は第4階層、「承認の欲求」です。これは、「他者から認められたい」という欲求と、「自分自身を認める」という二つの部分に分かれます。

他人から尊敬され、認められ、ほめられれば、この欲求は半分みたされます。が、どんなに上司や同僚からほめられても、自分自身が納得していない場合は、この欲求は完全にはみたされないのです。もちろん、具体的に会社の業績は上がっているのに、上司から何も言われなかった場合も、「承認の欲求」はみたされません。

そして、この欲求がみたされると、ピラミッドの頂点、第5階層の「自己実現の欲求」が待っています。

自分の能力を引き出し、創造的活動がしたいという欲求になります。

マズローのこの説は、科学的な厳密さに基づいた分類ではありません。けれど、マズローが世界的に有名になったのは、「欲求というものは、克服するものではなく、みたすものである。そして、基本的な欲求をみたすと人は、次のレベルの欲求を求めるようになる。そして、次々と欲求を満足させると、最後に、『自己実現』を求めるまでになる。つまり、自分の欲求をみたそうと努力していると、自然に、自分自身の成長へとつながるのだ」という考え方を提示したからです。

「人間というものは、常に何かを欲している動物であり、ほんの短時間を除いて、完全な満足の状態に到達することはほんどない。一つの願望が満たされると、それに代わって別の願望がひょっこり現れる。全生涯を通じて、実際、常に何かを欲し続けるのが人間の特徴であるといえるのである」（改訂新版『人間性の心理学』産能大出版部）

というのがマズローの考え方です。

マズローは「人間の欲求について語ることは、人生の本質について語ることである」と言いました。

たとえば、貧しくて充分な食事ができない人達は、第1階層のレベル「生理的欲求」さえみたされてないのです。それ以上の欲求を持つことはないだろうということです。

ちゃんと食事ができるようになると、「この生活が続いてほしい」という「安全の欲求」が生まれるのです。そして、安定した生活が続いて初めて、「家族が欲しい、仲間が欲しい、自分の居場所が欲しい」という「所属と愛の欲求」が生まれるのです。

そして、自分の居場所ができると初めて、「認められたい。人から必要とされる人になりたい。尊敬されたい」と「承認の欲求」が生まれるのです。

そして、認められ、尊敬されると、人は、「自分がなりたいものを考え、それに向かって努力するようになる」というのです。


マズローは欲求を二つのタイプに分けました。

ひとつは、手に入れるととりあえず満足する欲求です。食料や睡眠など基本的なものは、手に入れると、とりあえず満足して欲しくなくなります。これをマズローは「欠乏欲求」と呼びました。

もうひとつは、手に入れても欲求そのものはなくならず、ずっと存在するもので、これを「存在欲求」と名付けました。

そして、マズローは、第1階層の「生理的欲求」から第4階層の「承認の欲求」までは「欠乏欲求」であるとしました。認められたいとか、安定したいとか、仲間が欲しいという欲求は、みたされると、とりあえずなくなるからです（もちろん、しばらくしたら、食欲や睡眠と同じように、また求めるようになりますが、とりあえず、おちつくのです)。

第5階層の「自己実現の欲求」だけが、みたされることなくずっと存在する欲求、「存在欲求」と呼んだのです。

例えば、「世界平和のために何かをしたい」とか「貧しい人を助けるボランティアをしたい」とか「自分が納得できる絵を描きたい」とかの「自己実現の欲求」は、ずっと満足することがなく、存在し続けるから、とマズローは考えたのです。

マズローは「自己実現の欲求」をみたそうとすることが人生の目的だと考えました。そして、人生に完全な満足がないように、「自己実現の欲求」は決して、終りがないとしたのです。

「自己実現の欲求」は、他人の評価を気にしません。もう、「承認の欲求」はみたされているので、自分自身が納得し、自分自身がみたされるものを追求することなのです。

マズローは「自己実現の欲求」を構成するものとして、「道徳」「創造性」「自発性」「問題解決能力」「偏見のなさ」「事実を受け入れること」などをあげています。

マズローの説を紹介したのは、あなたが自分の状態を考える時の手がかりになればいいなと思ったからです。

「所属と愛の欲求」をまさに求めているレベルなのか、「承認の欲求」のレベルなのか。人によっては、「安全の欲求」のレベルの人もいるでしょう。そういう人は、まず、その欲求をみたさなければ、「自分とは何か?」「自分は本当は何がしたいのか?」という疑問を考える余裕はないだろう、ということです。

マズローは、ひとつひとつの欲求が完全にみたされなくても、人は次のレベルに進むと書いています。

「安全の欲求」を100%みたさないとダメなんだと神経質になることはないのです。

「自己実現の欲求」というのは、分かるようで、じつは難しい考えかもしれないと思います。

一時期、「自分探し」という単語が流行《はや》りました。本当の自分を求めて旅に出るとか活動するとか、そういうブームです。

この言葉は、じつはうさん臭《くさ》いと僕は思っていました。「自分探し」と言ってしまうと、どこかに本当の自分があって、それを探し出すことが目的なんだ、と思いがちになるからです。

「宝探し」の旅に出る、と思ってしまうと、どこかにすでに宝がある、ということが無意識に前提になってしまいます。「宝探し」というぐらいだから、どこかに当然、宝があって、それを探しているんだと、決めつけてしまうのです。

「自分探し」という言葉にも、同じようなニュアンスがあると思います。どこかに本当の自分がいて、本当の自分になれるものがあって、それを見つけ出せばいいんだと思ってしまうのです。

「自己実現」は、「自分探し」ではありません。「自分創り」です。自分を探し出すのではなく、自分を創り上げることが、自己実現です。なりたい自分を考え、計画し、進んでいくことが「自己実現」なのです。

それは、マズローによれば、安定し、所属し、承認された後に来るものなのです。ひとつひとつの欲求をみたしていった後に来るもので、焦って目的にするものではないのです。

幸福のヒント

・あなたの欲望は、マズローでいうとどの段階の欲望か考えてみる

・あなたが最も求める欲望はどれか考える

30　好きな場所を見つける

僕は屋上が好きです。自分の作品には、何度も登場します。どうしてこんなに屋上が好きなんだろうと、考えたことがありました。

ひとつは、「境界線」だからだろうと思いました。

学校の屋上は、学校そのものではありません。授業やクラスの人間関係や規則などがうごめいている場所ではありません。

同時に、家庭でもありません。うっとうしい家族関係や口うるさい母親や食卓の場所でもありません。

つまり、学校という「外側」と家庭という「内側」の境界線・ボーダーライン、どちらでもなく、二つの世界の境目になるから好きなんだと考えました。

屋上に立って、二つの世界のどちらにも属してないと感じれば、なんだか、気持ちが楽になります。自由になる、と言ってもいいです。二つの世界の重圧から、一瞬、解放された気持ちになるのです。

ただ、屋上に入れなくなった学校が多くなりました。屋上に通じるドアには鍵がかかり、学校は自分の手で「境界線」を封じました。

でも、人間は世界の重圧から意識的にも無意識的にも逃げたいと思って「境界線」を求めます。重圧から飛び出して旅に出れば、それは「境界線」ではなく、「別世界」を求めたことになります。そうではなく、今の生活を続けながら、人は境界線で一息つきたくなるのです。

ビジネスパーソンが、会社の帰りに一人、ふらりと寄る居酒屋やスナック、小料理屋は、屋上の代わりの境界線です。

会社と家庭という二つの世界から逃げ出したくて、同僚とではなく、一人でそういうお店に逃げ込むのです。

昔は、もっと分かりやすく、家路の途中で、縁台なんかがあって、近所のおじさんが将棋をする相手を待っていたりしました。「ちょっとやってかねえか?」というのは、境界線で遊ばねえかという誘いの言葉でした。

ただ、屋上は「境界線」だという理由だけで好きなのなら、他の「境界線」も好きなはずだと思いました。でも、僕は屋上が特に好きなのです。

さらに考えると、屋上は、「境界線」でありながら、同時に、「世界が見える場所」だと気づきました。

屋上に立ち、見下ろせば、さまざまな人が見えます。学校なら、校庭で運動している生徒や隣の校舎の勉強している生徒や遊んでいる生徒が。会社の屋上なら、隣のビルで働いている人や会議している人、さぼっている人、いろいろです。

普通の場所は、見つめていると気づかれます。相手に見返されたり、嫌がられたりして、じっくりと見つめることはできません。でも、屋上はできるのです。

いろんな人を眺めていると、「人間とはなんだろう?」「人生とはなんだろう?」という思いが湧《わ》いてきます。屋上は、そんな「世界が見える場所」なのです。

そして、もうひとつ。屋上は、「死がすぐ傍にある場所」なんだと気づきました。

つまり、飛び下りたら死ぬことができるのです。

それは、悲しいことではありません。ものすごくつらいことがあって、屋上の端に立ちます。手すりを超えれば、楽になるんだと思います。身を乗り出して、下を見ていると、心臓がドキドキしてきます。ほんの数センチ、足を踏み出せば、今抱えている絶望はすべて消えると思うと、ホッとしている自分もいるのです。

けれど、下を見続け、手すりを握りしめながら、どんどん心臓の鼓動は高まります。目を閉じて、心の中で、飛び下りたシミュレーションをします。手すりを超え、足を数センチ踏み出し、飛び下りたという想像です。それだけで、全身、汗びっしょりになります。身体が落下し、風を受け、地面に叩きつけられる寸前までの想像です。

そして、ゆっくりと目を開けます。生きている自分を感じます。生きていてよかったと、ふと、思います。生きていて苦しいという思いも浮かびますが、ホッとしている自分もいます。

そして、「もう一度生きてみようか」と思うのです。屋上は、僕にとって、そういう場所なのです。

だから、僕は屋上が好きなのです。

あなたは好きな場所がありますか？

そこが好きな理由はなんですか？　そこにいると、何が変わりますか？　そこにいることは幸福ですか？　そこにいると、幸福が見えてきますか？

幸福のヒント

・自分が好きな場所はどこか考えてみる
・ほっとする場所、ドキドキする場所、愛しい場所はどこですか？

31　当たり前のことをする

ここからいくつか、あなたにとって「なんだ、そんなこと当たり前じゃないか」というアドバイスが続くと思います。もうすでに、そういうアドバイスがあった人がいるかもしれません。

二十代の前半の頃、成功した人の座右の銘を集めた本を読む機会がありました。経済的に成功した企業家や有名な政治家、軍人などの「大切にしていること」がたくさん集められていました。

興味津々《しんしん》で読み始めれば、そこにはじつに当たり前のことが書かれていました。「時間を守ること」「他人から聞いた噂話は直接本人に確かめるまで信用しないこと」「本当に怒った時は怒らないこと。怒る時は、不用意な言葉を言わなくてもすむ冷静な時だけ」「感謝の言葉は、ちゃんと声に出していうこと」「億劫《おっくう》がらずに、出かること」……

僕は若かったので、「なんだよ、これは⁉」と内心、呆《あき》れました。

全部、当たり前のことばっかりじゃないか、こんなこと、誰でも思いつくじゃないか、とがっかりしました。

なにか、自分には予想もつかない人生の秘密とかコツとかが書かれているかと期待したのです。

本を閉じようと思った時、「待てよ」と思いました。

「成功した人がみんな、当たり前のことしか大切にしてないということは、ほとんどの人は当たり前のことができてない、ということなんじゃないだろうか」。

つまりは、ほとんどの人は、時間を守れないし、噂話を頭から信じるし、本当に怒った時に怒ってしまって不用意に傷つける言葉を言うし、感謝の言葉は口に出さないで心の中だけにしているし、億劫がって外に出ないし……と思ったのです。だから、成功した人は当たり前のことをしただけなんだ、当たり前のことをすることはとても難しいことなんだ、当たり前のことをするだけで成功するんだ、と気付いたのです。

当たり前のことは、頭ではよく分かります。

けれど、それをいざ実行できるかどうかはとても難しいのです。

いくつか、とても当たり前なのだけど、これは実行した方がいいと思うことを、書きました。

そんなことは当たり前でいつもやっている、ということがあれば飛ばして下さい。

それはとても素敵なことです。

けれど、「それは頭ではやった方がいいと思ってるし、いいことなのは当たり前なんだけど、でもやってないんだよなあ」と思うことがあって、ちょっとやってみるか、と思ってもらえたら嬉しいです。

幸福のヒント
・自分にとっての「当たり前のこと」は何か考えてみる
・分かっているのにできない「当たり前のこと」と、できている「当たり前のこと」を箇条書きにしてみる

32 自分の不安と戦うこと

これも、僕は折に触れて言っていますが、世の中で一番しんどくて重要な戦いは、「自分の不安」との戦いじゃないかと思っています。

今まで、計画に失敗したり、ここ一番に負けたり、大切なことがうまくいかなかったりした人を見てきました。

その人達は、「ライバルに負けた」り「才能がなかった」り「実力不足」が原因ではなく、「自分の不安に自分で押しつぶされた」というケースが多かったのです。

こういう負け方・失敗の仕方は、TVドラマや映画にはなかなかなりません。だって、「大切な試合で負けたのは、ライバルが強かったから」というのは、ドラマになりますが、「大切な試合に負けたのは、前日、不安で不安でしょうがなくて、よく寝られなかったから」というのは、生々《なまなま》しくて、ヒーローやヒロインに相応しいドラマになりません。

「大切な試合に負けたのは、不安で寝られなくて一晩中起きて練習していたから、本番では疲れ切ってしまった」も、情けなくてドラマになりません。

でも、現実は、こういうドラマにならないことの方が多いのです。

「大切なプレゼンで企画が通らなかったのは、派閥争いの結果」は、骨太の企業ドラマが生まれるでしょう。

でも、「大切なプレゼンで企画が通らなかったのは、うまくいくか不安で不安で上がりきっていて、言葉になんの説得力もなかったから」では、ドラマにするのは難しいのです。もちろん、現実には、こっちの方がはるかに多いのです。

「恋愛が終わったのは、相手に新しい恋人ができたから」——これはドラマの定番です。

「恋愛が終わったのは、相手に誰か好きな人ができたんじゃないかと不安で不安で、いつも居場所をチェックして、ずっと束縛した結果、相手に嫌われた」——これはリアルですが、ドラマとして見たい人はそんなにいないでしょう。

どうしてテレビや映画のドラマに、なかなかならないのでしょう?

それは、「自分の不安に負ける」ということが当たり前過ぎるからです。

ちゃんとした理由で、事業や試合や人間関係が失敗するのではなく、ただただ、「不安」に負けて失敗するのは、よくある日常の風景なのです。当たり前過ぎることは面白くないのです。

演劇では初日の前日に、劇場で「ゲネプロ」と呼ばれる公演をします。それは、衣装を着てメイクをして、照明も音響も全部用意した、本番とまったく同じ公演です。全員が関係者ですが、何人かのお客さんも入ります。

お客さんが入ったことで、舞い上がる俳優さんが現れます。稽古場で一カ月以上、ちゃんと稽古しても、劇場に来て、お客さんが入ることで、「物語を生きること」よりも「お客さんにアピールすること」を選ぶ俳優さんです。

それは、「自分の不安に負けた結果」です。

例えば「私はやりません」と、遠慮しながら丁寧に断っていた演技が、「わ、私はやりません！」と慌てたような言い方で、飲んでいたコーヒーカップをカチャカチャとぶつけるような大げさな演技になるのです。大きくはっきり演技しないと、観客に伝わらないと不安に思ってしまった結果です。

けれど、そこには物語を生きることで生まれるリアルな感情はなく、ただお客さんにアピールする形しかないのです。

そういう演技を見ると、僕は絶望します。一カ月以上、稽古場で稽古したあの感情はなんだったのかと思います。

けれど、同時に、「これはゲネプロなんだ。明日になったら、きっと、稽古場で作り上げた物語の感情になっているはずなんだ」と思います。そして、同時に「いや、もし、このまま初日になったらどうするんだ？　物語は崩壊して、ただ、観客にアピールする俳優だけが残るぞ」と不安になるのです。

そして、その夜は寝られません。不安が睡眠を殺すのです。

僕は、目が細く、なんだかボーッとした顔をしているので、蜷川さんが誤解したようにノン気だと思われています。周りは「まさか、不安で寝られないなんて」と信じませんが、実際は不安で寝られません。

で、次の日、「ダメだし」の時間が待っています。ここで、深刻な顔をして昨日の問題を語り、その俳優さんを責めれば、僕の不安は少しは和《やわ》らぐかもしれません。でも、それは間違いなく、俳優を追い詰め、さらに不安にし、さらにアピールする演技にすることとなのです。

だからこそ、僕は翌日、その俳優さんと会った瞬間に「にっこり」します。

その俳優さんに一番必要なことは、安心してもらうことだからです。安心し、自信を取り戻すことです。稽古場では、ちゃんとできていた演技を取り戻すためには、稽古場と同じ精神状態、つまりは穏やかな気持ちになってもらうしかないのです。

僕は自分の不安との戦いに負けないように、にっこりと微笑むのです。もちろん、内心は睡眠不足で必死です。でも、僕が必死な顔を見せたら、それこそ、俳優さんがさらに不安になり、作品が崩壊するのです。

自分の不安と戦うことは、とてもしんどいことです。

そういう時は、「不安に負けてたまるか」とまず腹を括《くく》ります。「苦しんで当たり前だ。私は、今、自分の不安と戦うという世界で一番困難な戦いを始めたんだ」と思うのです。そして「不安」にフォーカスを当てず、ポジティブを見つめるのです。

自分が成長できない時、成長できない自分を問題にするのではなく、成長して上に登っている人間を責めて、引きずり下ろそうとしがちです。

自分が上に上がれないから、上の人間を下げようとしてしまうのです。

そうやって、不安を解消し、束の間の安心を手に入れようとします。その気持ちはよく分かりますが、それは一時的な解消であって、本当の不安の解消にはなりません。

本当に不安と向き合うためには、成長しない自分を見つめるしかないのです。そして、少しづつでも、成長していくしかないのです。それが、不安と戦い、不安を和らげる唯一の道なのです。

と、口で言うのは簡単ですが、実際に、不安と戦うことは本当にしんどいのです。でも、何度も戦えば、勝率も上がってきます。何度もバッターボックスに立てば、いろいろと知恵もついて、度胸もついて、選択眼も磨かれて、不安とちゃんと戦えるようになるのです。

幸福のヒント
・ともかくバッターボックスに何度も立つ
・不安に負けそうになったら、「にっこり」と微笑む

33　ワクワクを見つめる

　ものごとを判断する基準を「ワクワクするかどうか」で考えることは、とても大切なことです。

　何を当たり前のことを、と思うかもしれませんが、「ワクワクするかどうか」を第一にすることは、なかなか簡単ではありません。

　子供の頃は、判断の基準は「ワクワクするかどうか」でした。ワクワクすると思ったら、やりました。そう思わなければ、やりませんでした。じつにシンプルでした。

　でも、大人になると、いろんなことがゴチャゴチャと入ってくるのです。

　どっちのプランを選ぶのかという時、マーケティングだのコストパフォーマンスだの予算組みだの売上げ予想だの上司の意向だの社内の調整だの、いろんな要素を考えなければいけなくなります。

失敗するテレビドラマの典型的なパターンは、大人の事情をいろいろと考えることで創ってしまうことです。

スポンサーの意向はなにか？　今流行っていることは何か？　今視聴率を取れる俳優は誰か？　けれど、事務所の意向で使わないといけない俳優は誰か？　最近、視聴率がよく取れているドラマのジャンルは何か？　裏番組はなにか？　予算はどれぐらいか？　取らないといけない視聴率はどれぐらいか？

そんなことをたくさん考えて、けれど、そのドラマを想像したら「ワクワクするかどうか」はまったく考えられないまま、もしくは考える余裕も考えるつもりもないまま、創られるのです。自分がワクワクしないものを、他人がワクワクするはずがないのです。

自分の問題にとらわれて「ワクワクするかどうか」を見つめられない、という場合もあります。

ワクワクを考える前に、果たして自分にはできるのか？　自分には相応しいのか？　自分がやっていいのか？　そんな自分に関する雑音に振り回されて、「ワクワクするかどうか」を自分に問いかけられないのです。

仕事にやりがいがあるのかどうかは、仕事をしていて「ワクワクするかどうか」だと思います。どんなに収入があっても、ワクワクしない仕事をしている人は不幸です。どんなに収入が低くても、ワクワクできるのなら、幸せです。

大企業に正社員として就職できても、何にもワクワクする仕事ができない――やりがいもないし、自分じゃなくてもいいし、ただ命令されて怒鳴られているだけ、という場合もあるでしょう。

でも、スーパーのパートで、自分の発案で商品の並べ方を変えて売り上げが伸びる――なんていう経験ができれば、間違いなくワクワクするでしょう。

ヒルティという『幸福論』で有名な著者は、「人生の中で一番長く使う時間は仕事であり、仕事が幸福なことが幸福になる第一条件です」と語っています。

「仕事が楽しみなら、人生は楽園だ。仕事が義務なら、人生は地獄だ」――これは、ソ連の作家、ゴーリキーの言葉です。

つまりは、人生の中で一番長い時間をしめる仕事がワクワクするのなら、ものすごく幸福ということです。そういう仕事の人は、本当にラッキーだと思います。

でも、まったくワクワクしないなら、「ワクワクさせることは可能なのか」を考えます。そして、可能じゃないのなら、「その仕事をやめるのかどうするのか」ということを考えないといけないでしょう。そして、「絶対にやめられない」と決めたのなら、仕事以外の時間に「ワクワクすること」を見つける必要があるのです。

僕は、演劇やテレビ、映画の企画やキャスティングに迷ったら、いつも、「ワクワクするかどうか」に戻ります。落ち着いて、いろんなシガラミ（事務所のつながりとか俳優の人間関係とか観客動員の予想とか予算とかスポンサーとか）を頭から追い出して、ただ、「ワクワクするかどうか」だけに集中するのです。

幸福のヒント

・今、自分がやっていることは「ワクワク」するかどうか素直に感じてみる
・「ワクワク」しないなら、どうしたら「ワクワク」できるか、考えてみる
・どうにも「ワクワク」しないなら、割り切るか逃げる

34　考えてから人に聞く

渋谷を歩いていた時のことです。急に雨がポツポツと降ってきました。前を歩いていた二十代の女性の集団（5人ほどでした）のうちの一人が、突然、「あ、雨だ。ね、どうする？　どうする？」と言い出しました。

彼女の「どうする？」は、１００％周りに頼りきった質問でした。自分も「どうするか」考えながら聞いているのではなく、誰かに聞けば誰かが答えてくれるだろうと信じ込んでいる口調でした。

僕はその言葉を聞きながら、「この人は将来、苦労するだろうなあ」と思いました。

道を歩いていて、突然、ポツポツと雨が降って来た時に、「正しい」判断ができる人間なんているはずがありません。このポツポツはすぐに止むポツポツなのか、これから激しくなるポツポツか、気象庁の人だって間違った予報をよく出しているのです。

雨宿りのためにどこかのお店に立ち寄るのか、ちゃんと避けるためにカフェに入るのか、傘を買うのか、たいしたことがないから濡れるにまかせるのか、選択肢はいくつかありますが、ポツポツと来たその瞬間に出せるものではありません。

なのに、その瞬間にオートマチックに「どうする?」と人に聞けるということは、この人は「自分で考えるという習慣」を持たないまま、大きくなったんだなあと思いました。

将来、苦労するというのは、周りがだんだんと困り、避けるようになる、ということです。

こういう人は、判断を完全に人に任せますから、他人の判断が間違った時に簡単にそれに文句を言えます。自分の頭で判断することの困難さをイメージできないからです。

人を責めるのではありません。責めると責任が生まれます。「あなたが傘を買おうなんて言うから買ったのに、晴れたじゃないの。傘代、どうしてくれるの?」と責めれば「じゃあ、あなたはあの時、どうしたらいいと思ったの?」と聞き返されます。

ですから、責めません。

ただ、「傘、買うんじゃなかったね……」と文句を言うだけです。

それでも、「どうする?」と聞かれて、一生懸命考えて「傘、買おうか」と提案した人は傷つきます。そして、「自分で決断しない人」とは距離を置こうとし始めるのです。

「人に聞く前に考える」——当たり前のことを言うなと思っていますか?

でも、「自分の頭で考えないで、ただ人に聞きながら生きてきた人」は、日本人は意外に多いと僕は思っています。

特に、親の言うことを真面目に守ってきた人に多いのです。

こういう人は、「私、頭悪いから」という言葉をよく使います。「だから、賢い人に聞いた方がいいから」と言葉は続きます。けれど、「頭が悪い」と人に向かって宣言することは、「自分を守る」こと以外、意味はないでしょう。

「私は頭が悪いから、私に聞かないで下さいね。もし私に聞いたら、間違った答えを出すかもしれません。でも、先に頭が悪いと言いましたからね。私を責めてはダメですよ。私は自分が頭が悪いと言ったんですからね」という言い訳の意味しかないのです。

だって、言われた方が「そうかあ。頭が悪いのか。自分から正直に言うなんて、なんて素敵な人なんだ。頭が悪いんだな。だから、この人に聞いたらダメなんだな。分かった、分かった。全部、私が判断して、的確な答えを出そう」なんて思うはずがないのです。

「私、頭悪いから」と言われたら、多くの人は、「えっ？　だからなに？　自分に頼るなってこと？　あたしが判断しろってこと？　あたしが頭いいって思ってるの？　あたしが考えろってこと？　あなたはどうするの？　何もしないの？　私に責任を押しつけるってこと？　私、どうしたらいいの？」と思うだけなのです。

「私、頭が悪いから」と言う人は、「どこかに正解があるんだけど、私は頭が悪いからそれが分からないの。でも、賢い人はその正解を知っているんでしょう。だから、教えて」と思っているのだと思います。

けれど、人生のほとんどの問題には、分かりやすい正解なんてありません。

小学校から高校まで、最後は大学入試まで、「正解」というものと私たちはつきあいます。どこかに「正解」があって、それを求めて頑張ります。

だから、残りの人生も、どこかに「正解」があると思い込みがちです。でも、高校を卒業した時点で、または大学に入った時点で、「正解」はなくなります。

何をしても、誰かに何か言われます。

正しいと言う人がいて、それは間違っているという人が現れるのです。数学の授業では考えられなかったことです。でも、学校を出たら、たったひとつの分かりやすい「正解」はなくなるのです。

けれど、小学校から、人によって幼稚園や保育園から高校卒業まで、15年ほど、ずっと「正解」を求め、あっていたら○を貰《もら》い、間違っていたら×とされる生き方をしてくると、人生の問題もどこかに「正解」があるような気がしてくるのです。そして、自分は頭が悪いから、そこにたどり着けないと思ってしまうのです。

この時、いくつになっても親の判断に従っていたら、それが「正解」となります。親の言う通りにしたら○、逆らったら×です。

でも、だんだん、それも納得できなくなってくるはずです。でも、どこかに正解があって、自分はそれが分からないから「私、頭悪いから」と言うようになるのです。けれど、何度も繰り返しますが、人生に唯一の正解なんかないのです。

何をしても、文句を言う人がいて、ほめる人がいて、反対する人がいて、賛成する人がいるのです。

「悩むこと」と「考える」ことを別にして、ちゃんと考えると、とりあえず、やるべきことが浮かびます。でも、それが唯一の正解かどうかは、誰にも分からないのです。

だから、「何を幸せと思うか」に、頭がいいも悪いもありません。

あなたが自分で判断し、自分でそれを幸せと感じるかどうかだけです。親の判断も必要ないし、どこかの誰かの意見で決めるものでもありません。

幸福のヒント

・「分かりやすさ」に用心する

・「自分の頭で考える」とはどういうことか、じっくり考える

35 才能とは夢を見続ける力のことです

これは僕が昔書いた芝居の中の言葉です。

「才能とはなんですか？」

「私に才能があると思いますか？」

そんな質問をいろんな人からたくさん受けて、思わず書いたセリフです。

「自分はサッカー選手になれる才能があるのか？」

「リーダーになれる才能があるのか？」

「社長になれる才能があるのか？」

「シェフの才能があるのか？」

……とにかく「才能」というわけの分からないものに振り回されてしまう時に、僕は「才能とは夢を見続ける力のことです」と考えたのです。

このセリフを書いたのはもう二十年以上前ですが、ある時「鴻上さん、この言葉は罪作りですよね。この言葉を信じて、どれだけの若者がいろんな分野に飛び込み、挫折したか」と言われました。

それは違うと、僕は思いました。

「才能とは夢を見続ける力のことです」ということは、夢を見続けられなくなった時が来たら、それは才能がなくなったということなのです。

溢《あふ》れるエネルギーで「絶対に○○になる！」と思い込めている間は、才能があるのです。でも、だんだんと「今ある自分」のポジションと「ありたい自分」との距離が見えてくると、そのエネルギーは失われていくのです。そして、夢を見続けられなくなるのです。または、自分の意志で夢を変えるのです。

24時間、そう思えなくて、ときたま、思い出したように「○○になる！」と決意するのなら、それはもう才能をなくした状態です。

誰かに言われたら、何かを見たら、久しぶりに勇気が出て、「私、やっぱり○○になる！」と思うのは、残念ながらもう才能がなくなっているのです。

本当の才能は、誰かに元気をもらわなくても、何かに背中を押されなくても、○○に絶対なるんだと思えるのです。

ただし、意地になっている場合は別です。自分でももう向いてない、なれない、あってないと薄々《うすうす》気づいているのに「ここまでやったんだから、今さらやめられない」と意地になって、焦っているのは才能とは関係ありません。

戦いは始める時より、やめる時の方がはるかに難しいのです。

幸福に向かって進む努力をしている時に、この言葉を思い出して下さい。

幸福のヒント

・まだエネルギーがあるのか、自分を見つめる

・やめ時ではないかと自問してみる

36　頭と体のバランスを取る

体にも運動が必要なように心にも運動が必要だと17で書きました。じつは、頭にも運動が必要なのです。

といって、現代人は、頭の運動はたくさんやっている人が多いです。つまり、一日中、仕事をしている人は、頭を動かしています。そして、体をまったく動かしてないのです。

頭をうんと使った日は、じつは体もうんと使ってやらないと、生物としてのあなたは悲鳴を上げるのです。

僕自身、一日中机に向かって原稿を書くだけの日が何日か続くと、だんだん、体調が悪くなってくるのが分かります。体がきしみ、悲鳴を上げ始めているのを感じるのです。

僕は30年以上、演劇の演出家をしていて、身体に関していろいろと自覚的になっているから、特にそういうことを感じるのだと思います。

なので、悲鳴が高まると、なんとか体を動かそうとします。

理想は、頭と体の運動量を同じにすることです。激しく頭を使った日は、激しく体も使わないといけないのです。

ですが、それは理想で、なかなかそうはできません。スポーツクラブも、よっぽど自宅に近いか、職場に近くないと行かなくなります。隣の駅でさえ、なかなか行かないのです。

僕は、なるべく歩くようにしています。東京に住んでいるのですが、東京は車に頼らなくても生活できる所です。地方だと、車の移動が不可欠になりますが、東京は地下鉄やJRで移動できます。

東京は結構、駅の乗り換えとかで歩くのです。階段しか使わない、という決意はすぐに挫折するので、僕はエスカレーターを歩くようにしています。

最近、「エスカレーターは歩かない」というキャンペーンを鉄道会社が張り始めて、ちょっと困惑しています。エスカレーターを走ることは危険でも、ゆっくり歩くことまで一律禁止するのはどうなんだろうと思っているのですが、それは別の話。

1日8千歩を自分の目安にしています。これぐらいだと、そんなに意識しないでも、日常的に歩いています。

また、仕事で頭を使いすぎた日は、帰る時、ひとつ前の駅で降りて歩くようにもしています。スポーツクラブにいくことは、なかなか、日課にできませんが、余計に歩くことならなんとか日常にできるのです。

それと、僕が作家でありながら、同時に演劇の演出家をしているというのもラッキーだったと思います。若い俳優達と鬼ごっこなんかをしていると、やっと、頭と体のバランスが取れるようになるのです。

なので、自分が頭しか使ってないと感じたら、どうか、歩くなり泳ぐなり走るなりして、頭と体のバランスを取って下さい。

そして、さらに言えば、心を動かして「頭」「体」「心」の三つを適度に運動させると、ずいぶんと楽しくなるのです。

体を運動させると、体はもちろん、リラックスします。心をリラックスさせるには、体をリラックスさせることです。

体が強張《こわば》っていると、心も強張ります。そして、頭も強張るのです。

頭が強張るというのは、硬直した考えしか思いつかなくなる、ということです。柔軟な思考を持つためには、柔軟な心と体が必要不可欠なのです。

心と体、頭はそれぞれに密接につながり、相互に影響し合っているのです。

幸福のヒント

- **日常生活に意識して運動を取り入れる**
- **頭と心をリラックスさせるために、体をリラックスさせる**

37　ちゃんと寝ること

幸福を考えるためには、頭がすっきりしていなければいけません。そのためには、ちゃんと寝ることが必要なのです。

1日、5、6時間の睡眠で頑張っている人がたくさんいます。

確かに、短時間の睡眠でも起きていることはできます。体も動きます。

けれど、睡眠不足では充分に思考することがなかなかできないと僕は思っています。

睡眠が足りてないかどうかを知るには、少し難しい本を読めばすぐに分かります。

睡眠不足でも会議はできます。映画も見られます。カラオケもできます。議論もできます。雑誌も読めます。でも、ちゃんとした本は読めません。

少し難しい、けれどとても重要な本を読もうとしてページを開いて、しばらくするとウトウトッとしてしまうのなら、それは間違いなく睡眠が足りてないのです。

ちゃんと寝ましょう。

僕は何があっても7時間の睡眠時間を確保しようとしています。

時には、書かなければいけない原稿があって、でもそれを丁寧に書いていたら睡眠時間が5時間になってしまうというような時は、堂々と原稿の手を抜いて、さっさと書き終わり、7時間の睡眠を確保するのです。

もちろん、その代わり、手抜きの原稿を編集者に渡す時は、面白い話をたくさんして、「原稿が面白かったのか、今の話が面白かったのか分からない」状態にして、ごまかすのです。冗談ではなく、これは僕が20代から使っているテクニックです（笑）。

本当に考えるためには、本を読むことが必要です。

人間は言葉によってしか思考しないからです。たくさん本を読む人は、たくさん言葉を獲得するのです。そして、厳密に複雑に緻密《ちみつ》にたくさん思考できるのです。

僕は、年間300本の映画（DVD）や舞台を見ているという奴が現れても、少しもクリエーターのライバルとして怖くはないです。が、年間300冊の本を読んでいる奴は怖いです。映画は受け身でも見ることができます。睡眠不足でウトウトしても、映画や舞台は進んでいくのです。

でも、本は睡眠不足だと、意識がないまま1、2ページ進んで、慌てて戻るなんてことが起こります。それぐらい、本を読むことはとてもしんどいことで、一番、身につくことなのです。

じっくりと考えて幸福にたどり着くためには、ちゃんと寝ることが大切なのです。

幸福のヒント

・自分の適正な睡眠時間を体験的に見つける

38　10年先から戻ってきたと考える

これはあなたが35歳以上じゃないと有効ではない方法です。

この本は主に若い人を想定して書いていますが、これは大人向けのアドバイスです。

あなたが35歳以上なら、何歳であれ、自分は「10年先から戻ってきた」存在なんだ、と思うのです。

あなたが40歳で、「もう40だぞ。もう手遅れだぞ」と思ったら、「自分は10年先に生きていて、本当は50歳だったんだけど、タイムマシンに乗って10年先から戻ってきたんだ。このタイムマシンは優れモノで、10年戻ると、肉体年齢も10年、戻るんだ」と考えるのです。

つまり、40歳のあなたは本当は50歳なんだけど、10年戻ることができたのです。そう考えると、「40歳」は「50歳」に比べて、うんと若いのです。もう手遅れとか、もう年老いたとか、遅いとか言ってる場合ではないのです。そんな言葉は、10年後に言えばいいのです。

タイムマシンという想像がピンとこなければ、奇跡の力を信じて、あなたが38歳なら、「本当は48歳なんだけど、10年戻ってきたんだよね。48歳の時に、『ああ、38歳に戻りたい。10年前ならなんでもできたのに』ってずっと思ってたんだよ。そしたら、奇跡が起こって戻れたんだよ」と思うのです。

そうすると、今の38歳がいとおしくなりませんか。

奇跡が起こって、10年戻った38歳。さあ、何をしよう！　という気持ちになるはずです。

幸福のヒント

・10年先から戻ってきたら？　と考えてみる

39 おみやげの関係を作る

幸福を求め考えている時に、「自分は誰かを幸福にしているんだろうか?」と考えたことはありますか?

幸福をもらうだけの関係では、あげるだけの方は疲れてしまいます。

あなたは「何か」を誰かにあげていますか?

「何か」は、相手を幸せにするものなら、なんでもいいのです。微笑みでも楽しい話でも料理でもナイスなアドバイスでも荷物を持ってあげることでも相手のすべった話にちゃんと笑ってあげることでも感謝の言葉でも話題の本の話でも、本当になんでもいいのです。

僕はそれを「おみやげ」と呼んでいます。おみやげは、いつも、一方通行だと人間関係は壊れてしまうのです。

Aさんは、いつもBさんからさまざまな「おみやげ」をもらっている。でも、Aさんが Bさんに「おみやげ」を渡すことはない――そんな関係だとBさんはやがて、Aさんと話したり会ったりすることを嫌がるようになるでしょう。

自己流ガーデニングのイギリスの女性は、結果として、近所の人達に咲き誇る花々という「おみやげ」を渡しているのです。彼女が幸せを深く味わえるのは、このことが大きく関係していると僕は思っています。

花を見て嬉しそうに微笑む人をちらりと見るだけでも、彼女は幸福になるのです。それは、「見せびらかしたい」「自慢したい」という感覚ではありません。自分が「おみやげ」を渡し、それを喜んでもらう感覚を体験することが、彼女の幸福をさらに強めるのです。

あなたが行き詰まり、幸福が分からず、幸せを感じないとしたら、「自分は誰かに『おみやげ』をちゃんと渡しているか？」と自問してみて下さい。

焦り、自分の都合だけを考え、自分の聞きたいことだけを聞き、ただ情報や知識、アドバイスをもらっているだけになっていませんか？

「おみやげ」とは、あげたりもらったりするものです。

一方的に渡し続ける関係は、大人同士の関係ではなく、大人と幼い子供の関係です。あなたが人生を楽しみ、「おみやげ」を渡し、もらう関係を作ることは、あなたが幸せになることと深い関係があるのです。

幸福のヒント

・今日、誰かに「おみやげ」を渡そう

40　居場所を見つける

仕事がなくても、未来が見えなくても、行き詰まっていても、とりあえず、自分の居場所があれば、人生、なんとかなるものです。

居場所とは、ここにいてもいいとあなたが感じる場所のことです。あなたがそこにいることが、許される場所です。

例えば、どんなに大勢の人から無視され、嫌われていても、あなたを受け入れてくれる人が一人いれば、そこは居場所になります。

家庭でも学校でも会社でもグループでも、あなたに手を伸ばしてくれる人が一人いれば、あなたは、その人と一緒に空間を創り、そこが居場所になるのです。

誰もいなくても、居場所ができることもあります。

僕が中学生の時、ホームルームの時間に先生から「あなたの友達の名前を書きなさい」という課題（アンケート）を言われました。

僕は、はたと困りました。クラスには友達と思える人がいないと思ったからです。さんざん悩んで、結局、誰の名前も書けませんでした。

数日後、僕は先生から呼ばれました。先生は一枚の図を僕に見せました。それは、クラスメイトの名前と矢印が一面に描かれた、人間関係の相関図でした。課題（アンケート）を元に先生が作ったのです。

クラスメイトの名前からたくさんの矢印が他の名前に向かって伸びていました。蜘《く》蛛《も》の巣のように広がっているものもあれば、雲のように密集しているものもありました。

その中でぽつんと一人、誰の矢印も受けず、誰にも矢印を向けてない僕の名前がありました。

太平洋に浮かぶ無人島のようだなと、僕は自分の名前を見て思いました。他のクラスメイトの名前からは、船の就航図のように何本もの線が伸びていました。

といって、悲しくはありませんでした。

図を見ながら、そういうものだろうなあと思っていました。

先生が、その図を僕に見せたのは、その時、僕がクラス委員をしていたからです。先生は、「クラスの友人関係はこうなっているから、これを参考にして、クラスのまとまりを作るように」と言いました。

今だと、結構な問題になるようなアンケートだと思います。

僕はその図を見ながら「はい」とうなづきました。

「しかし、この状態でクラス委員というのは、珍しいね」先生は、不思議そうに言いました。僕はクラス委員に投票で選ばれていました。自分で立候補したわけでもなく、ただ「クラス委員に相応しい人」という投票で選ばれたのです。

僕には、親しい友達が一人もいませんでしたが、居場所はありました。それは、僕が「作業進行と人間関係の調整」に優れていたからだと思います。クラスがもめたり、クラスで何か決定する時に、鴻上に任せておけば話が早い、と思われていたのです。

僕は自分の事務能力によって、親しい友達は一人もいませんでしたが、クラスの居場所を獲得したのです。

けれど、才能があったり、優秀だから、居場所が絶対に見つかる、と決まったわけではありません。

あなたには好きなグループがありますか？　バンドでもスポーツチームでもパフォーマンス集団でもなんでもいいです。その集団が例えば5人組だとして、5人全員が才能に溢れて、有能ですか？

5人だと、たぶん、才能のかたまりに感じるのは、1人か2人のはずです。この1人か2人は、先頭に立って集団をぐいぐいと引っ張ります。

残りの2人は才能は感じますが、かなりの変化球のはずです。性格が変わってるとか、無口だとか、クセのある人物のはずです。

そして、最後の1人は、なんというか、才能があるのかどうか分からず、人間的にもよく分からず、でも、そこにいてくれるとホッとするとか、クッションになったりとかしている人物のはずです。

どんなにきらめく集団でも、5人全員が才能のかたまり、ということはないと思います。もし、5人全員が才能があって有能でリーダータイプだとしたら、その集団は結成したその日のうちに崩壊するでしょう。

集団を構成する人々には、それぞれに役割があります。才能が不足していても、その役割が適応して、居場所が見つかる人もいるのです。

「俳優でも、同じような人ばかりじゃ面白くないじゃない。演技は大根でも存在感の牛肉役者、脇を固める器用な味付け役、くさい演技のにんにく役者、無味無臭の水のような奴、全部必要さ」――これは映画監督の黒澤明氏の言葉です。

その集団でどんな人が必要なのか、どんな人なら居場所があるのか、というのを知るためには、14の「目指す世界の地図を作る」の別バージョン、「今いる集団の地図を作る」ということが必要になります。

十人以上出演する演劇の場合、いつも、キャスティングはバランスを考えます。「うまいけれど神経質な人」「うまくはないけれど宴会部長になれる人」「演技は普通だけど面倒見がいい人」「コメディセンスがある人」「エネルギッシュな人」「へただけどチケットをたくさん売れる人」……いろんな人がいて、うまく集団が回るように調整します。

そして、賢い人は、自分がなぜ、そこにいるのか、ということをよく分かっているのです。「うまくはないけれど宴会部長の人」は、集団が暗くなったり、稽古がうまくいかなかったりすると、率先して「じゃあ、飲みに行きますか?」と誘います。

その席で、「演技は普通だけど面倒見のいい人」は、悩んでいる若手の相談に乗ったりします。

そうやって、それぞれが自分の居場所を見つけて、精一杯、活動するのです。

どうしても自分の居場所がない場合、取るべき道は二つです。

ひとつは、なんとかして、そこにいる理由を作り上げること。あなたを受け入れてくれるたった一人の人を探してもいいし、自分が認められる理由を作り上げてもいいし、自分の立場を考えて求められる存在になってもいいし。

もうひとつは、どうしても、そこにいる理由が見つからないのなら、とっとと別な集団に移ること。そこで、たった一人と出会うか、自分の新しい役割に気づくか、新しい立場になるか。

いずれにせよ、なにもせずに「居場所がない」と鬱々《うつうつ》とすることが一番もったいないことです。

幸福のヒント
・自分の居場所はあるか、考えてみる
・なかったら移動する

41　幸福の種類を知る

幕末の歌人・国学者、橘曙覧《たちばなのあけみ》が書いた『独楽吟《どくらくぎん》』という連作短歌があります。全部で52首。すべて「たのしみは〜」で始まるものです。明治になって、正岡子規、斎藤茂吉らに絶賛、注目されました。

いくつか紹介すると——

たのしみは珍しき書人にかり始め一《ひと》ひらひろげたる時
——楽しいのは、珍しい本を人に借りて、最初の一ページ目を開けた時。

たのしみは尋常《よのつね》ならぬ書に画にうちひろげつつ見もてゆく時
——楽しいのは、非常に優れた書や絵画を広げて見ている時。

たのしみは妻子《めこ》むつまじくうちつどひ頭《かしら》ならべて物をくふ時
――楽しいのは、妻と子供達がそろって、仲良く食事をしている時。

たのしみは空暖《あたた》かにうち晴れし春秋の日に出でありく時
――楽しいのは、暖かく、快晴の春や秋の日に、そぞろ歩く時。

たのしみはすびつのもとにうち倒れゆすり起こすも知らで寝し時
――楽しいのは、炭櫃《すびつ》（＝大型の火鉢）の横に寝ころんで、揺り起こされたのも気づかないで寝ている時。

たのしみは朝おきいでて昨日まで無かりし花の咲ける見る時
――楽しいのは、朝起きて、昨日までなかった花が咲いているのを見る時。

たのしみは心をおかぬ友どちと笑ひかたりて腹をよるとき
――楽しいのは、仲のよい友達と笑って語り合い、腹がよじれるぐらい抱腹絶倒の時。

たのしみは物識人《ものしりびと》に稀《まれ》にあひて古《いにしへ》今を語りあふとき
――楽しいのは、物をよく知っている人に珍しくあって、昔や今を語り合う時。
たのしみはそぞろ読みゆく書の中《うち》に我とひとしき人をみし時
――楽しいのは、なんとなく読んだ本の中で自分と同じ思いの人を見つけた時。
たのしみは銭なくなりてわびをるに人の来たりて銭くれし時
――楽しいのは、お金がなくてわびしいなあと感じていると、人が来て、お金をくれた時。
たのしみは昼寝せしまに庭ぬらしふりたる雨をさめてしる時
――楽しいのは、昼寝をしている間に雨が庭を濡らしたと、起きて知る時。
たのしみは衾《ふすま》かづきて物がたりいひをるうちに寝入りたる時
――楽しいのは、蒲団にもぐって寝物語をしているうちに寝てしまった時。

たのしみはいやなるひとの来たりしが長くもをらでかへりけるとき
——楽しいのは、嫌いな人が来たけれど、長居もせずに帰って行った時。

……などなど。まだまだあります。知りたい人は、ネットを見ると、全部紹介しているページもたくさんあります。

約150年前に書かれたものですが、人間が楽しい、幸福だと感じる感覚はあまり変わってないと分かります。

作者が一番、幸福だと感じたのは、この短歌を創っている時じゃないかと思います。その時は、「自分はいったい、何を楽しいと感じるのか」と自分を見つめた時間です。それは、この本がずっと言っている「自分は何を幸福だと感じるのか」を探している時間と同じなのです。

『裸のサル』を書いた動物行動学者のデズモンド・モリスは、幸福を17に分類しました。(『「裸のサル」の幸福論』デズモンド・モリス著　新潮新書)

1「標的の幸福」　何かを計画し、実行し、手に入れる幸福です。もともとは、大昔の狩猟で人類が感じた幸福です。今は、（狩猟の代わりに）何か目的を決めて、計画し、達成する喜びです。

2「競争の幸福」　ライバルに打ち勝つ幸福です。1「標的の幸福」は個人が感じる感覚ですが、これははっきりと競争者を意識し、それに勝つ幸福です。

3「協力の幸福」　人を助ける幸福です。2の反対と言えるでしょう。助け合うことで感じる喜びです。

4「遺伝の幸福」　家族を持ち、家族と暮らす幸福です。

5「官能の幸福」　おいしい食事や性的体験など、なんらかの肉体的快楽のことです。

6「脳の幸福」　ゲームをしたり、知的な活動によって感じる幸福です。

7「リズムの幸福」　リズムに身を委《ゆだ》ねる幸福です。ダンスはもちろん、体操、宗教的儀式、軍隊の行進なども含まれます。

8「痛みの幸福」　マゾヒスティックな幸福です。具体的な痛みだけではなく、精神的なマゾヒズム、禁酒主義や過剰な健康志向、菜食主義なども含まれます。

9「危険の幸福」　バンジージャンプやスカイダイビングなどの危険なスポーツ、カーレース、ビルの壁を登ったりする行動など、危険なことにかかわることで幸福を感じることです。

10「こだわりの幸福」 自分の関心のあることだけにこだわり、それ以外はヒステリックに拒否したり、拒絶することで得られる幸福です。

11「静寂《せいじゃく》の幸福」 世界の喧騒《けんそう》から離れ、黙想に耽《ふけ》ることで得られる幸福です。宗教的、または哲学的理由で俗世から離れる幸福です。

12「献身の幸福」 信仰深い人が感じる、敬虔《けいけん》な精神的幸福です。

13「消極的幸福」 例えば、長く病気に苦しむ人が、薬によって痛みから解放される瞬間が消極的幸福です。苦悩者が感じる幸福と言えます。

14「化学的幸福」 まさに化学物質の力を借りて感じる幸福です。ソフトドラッグとしては、お茶、たばこ、コーヒー、アルコールなど。ハードドラッグは、もちろん、マリファナやコカイン、LSDなどです。

15「ファンタジーの幸福」 小説やTVドラマなど、フィクションを楽しむことで感じる幸福です。

16「可笑《おか》しさの幸福」 笑うと、体内ではエンドルフィンが分泌され、肉体の痛みを具体的に和らげます。笑うことで、人は幸福を感じることができるのです。可笑しくなくても、笑うことで、この変化は起こります。

17「偶然の幸福」 まさに宝くじに当たったとか、会いたい人にばったり会ったとか、幸運な出来事から感じる幸福です。

……以上が、デズモンド・モリスが分類した幸福です。

あてはまるものはありましたか？　発見した幸福はありましたか？

ピンときた幸福、よく分からなかった幸福はなんですか？

幸福のヒント

・自分なりに「たのしみは〜」を作ってみる

・17の幸福の中で、一番身近なものと一番遠く感じるものを考える

42 同調圧力に負けない

「同調圧力」とは、「みんなと同じになりなさい」という無言のプレッシャーです。

小学1年生では全員がランドセルを背負い、就職活動では黒いリクルートスーツを全員が着るのは、日本社会の「同調圧力」です。

日本は同調圧力がとても強い国です。それは、日本が「世間」で出来上がっているからです。「世間」は、「現在および未来、あなたと利害関係がある人達」のことです。

日本には「世間」ともうひとつ「社会」というものがあります。「社会」は、「現在および未来、あなたとなんの利害関係もない人達」のことです。

ここからの詳しいことは、『「空気」と「世間」』（講談社現代新書）に書きました。ここで説明を繰り返しません。興味のある人は読んでみて下さい。

西洋には、「世間」はありません。ですから「1年生になったら全員、なにがなんでもランドセルを背負って下さい。間違ってもキャラクターのトートバッグなんか持ってこないでね」というような無言の圧力はありません。

ダメな時は、はっきりと言われるだけです。「世間」という目に見えない強い集団が、あなたを縛るということはありません。

じゃあ、西洋は自由なのかというと、「世間」の代わりに、「一神教」（キリスト教やイスラム教）という強力なルールがあります。神の教えに関しては、とても厳しいのです。でも、空き缶や空きビンを植木鉢の代わりにすることを問題にする神はいません。

けれど、日本では、空き缶や空きビンを笑い、問題にする「世間」は存在する可能性があります。

西洋でも、一部には、空き缶を笑う人はいる可能性があります（とても少数だと思いますが）。でも、笑って、それでおしまいです。

日本だと、それを変えろと言い出す人がいるかもしれないのです。それは、何百人という新1年生の中で、たった一人、ランドセルを拒否した児童に対して、学校や地域社会が何かを言う可能性です。

僕の知り合いで、サラリーマンを辞め、田舎に移住した人がいます。彼ら夫婦は、農業を始めようとしたのです。が、移住した次の年、1月1日、朝の10時に公民館に集まり、村の長老の話を聞く、という行事に頭を抱え込みました。その集会に参加しないと、村から完全に無視されます。けれど、どんなに激務のサラリーマン時代でも、元旦はゆっくりできたのです。友人夫婦は、そうやって強制される「世間」に悲鳴を上げました。平成の時代の出来事とは思えない。これはまるで明治時代のようだと。

でも、それが日本です。みんなと同じことをする。同じことをしていたら幸せになれる。一神教と同じぐらい強い戒《いまし》めが「世間」の「同調圧力」なのです。

これと戦うということは、じつは神と戦うということです。

知り合いの夫婦は、結局、村を出ました。自分達二人では戦えるはずがないと思ったのです。正月はのんびりしたい、長老の話は元旦をつぶしてまで聞く価値のあるものではない、村の寄り合いが実質的に強制なのはおかしい、人のプライバシーまで寄り合いで話すのは嫌だ――納得できないことはたくさんありましたが、それが「世間」という神の教えだったのです。

日本人は無宗教だとよく言われます。結婚式をキリスト教の教会であげて、神社に初詣に行って、お寺にお墓参りする民族です。宗教的なことは無頓着ですが、宗教に代わる強いルールが「世間」なのです。

ですから、自己流ガーデニングをしようとしたら、西洋より日本の方がはるかに困難は多いのです。地域社会で問題にされ、隣近所に笑われ、余計なアドバイスを受ける可能性が、田舎になればなるほど高まります。

ですが、困難が多いからと、「同調圧力」に負けているだけでは、幸福は見つからないのです。

知り合いの夫婦のように、あまりにも強力な「同調圧力」の場合は、逃げるしかありません。他に方法はないと思います。

が、戦う前に敗北を決める必要もないのです。実際に、子供がどうしてもランドセルは嫌だと言うので、心配しながらもスポーツバッグを持たせて、何事もなく6年間、過ごした人もいます。

もちろん、地域で問題にされて、学校側から「余計な波風は立てたくないんです」と説得されて、子供を強引に説き伏せてランドセルを背負わせた親もいます。

「どうして真っ黒なリクルートスーツなんか着ないといけないんですか」と主張して就職を棒に振った人も、「真っ黒なリクルートスーツが最高です」と積極的に着て就職に成功した人もいます。

問題は、あなたが「これが幸福だ」と思うことと、この国の「同調圧力」がぶつかるのなら、一度は戦うことを考えてもいいんじゃないかということです。

いきなり、「同調圧力」に勝つわけない、「世間」は無敵だと決めるのは早いんじゃないかと思います。

ただし、無理はしないこと。うまく戦い、強力すぎると思ったら、逃げること。

「世間」は、そこにいる人達が無意識に作り上げるものなので、場所が変われば「世間」の強さも内容も変わります。

知り合いの夫婦は、村から山間部の別荘地帯に移り住みました。

そこは、都会から脱サラした人達の集まりでしたから、「世間」半分、「社会」半分の快適な空間だったのです。

そこで、二人は自然に囲まれながら、楽しく農業を続けています。

幸福のヒント
・世間と一度たたかってみる。ただし無理はせずに
・「NO」と、ニッコリ笑って言ってみる

43　不幸を考える

　幸福とは何か？　を考えるために、幸福の反対語と思われている「不幸」を考えるという方法です。

『幸福論』（春日武彦著　講談社現代新書）では、「おそらく現代において不幸とは、退屈さと不全感《ふぜんかん》が混じり合った感情のことではないか」と著者は書いています。

　そして「退屈」とは、日常の無意味さ、空虚さ、手応《てごた》えの無さではないかとします。「不全感」とは、「自分の生き方に対して詰めの甘さを薄々感じているのにそれと向き合うだけの気力を持てない情けない気分、自分の力不足に対する不満足さ、問題点を明確にできないもどかしさと言ったものに連なる感覚」だとしています。

　不幸のひとつの要素に「退屈」を上げ、それは日常の無意味さや空虚《くうきょ》さである、とするのは、とても鋭い感覚だと思います。

私達は、ネットやテレビや雑誌や飲み会なんかで、なんとか「退屈」を紛らわそうとします。多くの人は、それでなんとなく退屈が紛れます。が、その時間が長く続くと、だんだんと「退屈」が紛れなくなってくるのです。

そして、「退屈」そのものと、不満な形で向き合うことになるのです。

「人生は長い暇つぶし」という言葉があります。ちゃんと暇をつぶして、充実した時間を過ごせると、それは素敵な人生だったということかもしれません。

「不全感」とは、僕の言葉だと「こんなはずじゃなかった」ということだと思います。自分の人生はこんなはずじゃなかった、自分の今の状態はこんなはずじゃなかった、自分の立っている場所はこんなはずじゃなかった、という感覚です。

それは、「今ある自分」と「ありたい自分」の距離が開きすぎた状態とも言えます。「今ある自分」の遥か上に「ありたい自分」がいて、それを見上げるたびに「こんなはずじゃなかった」と嘆いている状態です。

そして「ありたい自分」が、「今ある自分」を見下ろし、その余りの低さに歯ぎしりし、ヤケになっている状態が、「こんなはずじゃなかった」つまり、「不全感」だと思うのです。

あなたなりに不幸を定義してみませんか？　あなたが感じる不幸とはなんですか？　どういう状態のことですか？　どういう自分ですか？　どういう時に不幸を感じますか？　運が悪い時？　どんづまりを感じる時？

あなたにとっての不幸が言葉になれば、幸福もまた、言葉にできると思うのです。

幸福のヒント

・あなたにとって「不幸」とは何ですか？

44 多面的に考える

物事には、つねに表と裏があります。

雨が降ったら、洗濯物は濡れますが、草木は育ちます。試験に落ちれば、大学には入れませんが、別の人生の可能性が開けます。振られれば、その人とはつきあえませんが、他の誰かとつきあえるかもしれません。

表だけを見て、一喜一憂しても、じつは裏にはまったく違う事情がある、ということは普通にあります。

金子みすゞさんの有名な詩はご存知ですか。

大漁

朝焼け小焼けだ大漁だ
オオバいわしの大漁だ
浜は祭りのようだけど
海の中では何万の
いわしの弔《とむら》いするだろう

浜の人間の祭りと、いわしの葬式は同じ時に起こるのです。

本当に苦しいことが続くと、体重が減ります。寝られなくなっても、仕事が立て込んでも、問題が山積しても体重が減ります。そういう時、僕は体重計に乗って、にんまりとします。「ハードワークダイエット」と勝手に名付けています。減ったことが、喜びになるのです。運動するわけでも食事制限するわけでもないのに、こんなに簡単に体重が減っていいのかと喜ぶのです。苦しいことの裏には、いいこともあるなと思えるのです。

「表と裏を意識する」ということは、別の言い方だと「どんなものにも事情がある」ということです。

ひどいことを言われたら、とても落ち込みますが、その人がどうしてそんなことを言ったんだろうと考えてみるのです。

私達は、誤解されます。

自分の意図《いと》とまったく違うように言葉や行動を受け取られます。そんな意図も感情もなかったのに、まるでそれが目的のように思われることがあります。

だから、なにかひどいことを言われた時、された時、「相手にも何か事情がある」と考えようとするのです。

けれど、疲れていたり、めんどくさがったり、興奮していると、事情を考えようという気持ちがなくなります。手っとり早く、うんと分かりやすい解釈に飛びつきます。「あの人はおかしい」「あいつはキチガイ」「ただのケチなんだ」「弱いだけだよ」「私が嫌いなんだ」「ただの意地悪なんだ」とレッテルを張って、終わりにしてしまうのです。

それは、一時的な解決にはなりますが、根本的な解決からは遠くなります。

どんなものにも事情があります。なぜそんなことをするのか分からないと思っている相手にも、そうした理由があるのです。

劇場に来て、突然、「アピールする演技」をし始めた俳優さんの例を32「自分の不安と戦うこと」で書きました。その俳優さんは、「おかしくなった」のでも「投げやりになった」のでも「アピールしたくなった」のでもなく、ただ「不安になった」のです。どんなものにも事情があるのです。


ロンドンにいる時、知り合いの日本人の家で湯沸器が壊れました。修理屋さんに連絡すると、2週間後に行くと言われたと、その日本人は言いました。「2週間!?」と僕は驚きました。2週間後ということは、2週間の間、温かいお風呂に入れないということです。「日本なら今日か、最低でも明日には来ますよ」と呆れて言いました。

「ロンドンはすごいですね」。

すると、その日本人は微笑みながら言いました。「うん。僕も数年前、こっちに来た時はそう思って、その日のうちに修理に来れないかって抗議したんだ。でもね、だんだん分かってきたんだ。修理に来る人は、今日の夜は、家族と食事の予定かもしれない。ひょっとすると恋人とデートなのかもしれない。それを蹴って、修理に来ることを日本人の僕は求めたんだ。日本人は、そうやって自分の予定を犠牲にして修理に行くんだ。でもさ、それは幸福なのかと思うんだ。家族との食事、恋人とのデートを蹴るべきじゃないと僕は思うようになったんだ。だから、僕は2週間、修理を待ってもいいと思うんだ。僕はこっちで働きながら、家族との食事を大切にしたいと思ってる。だから、今日の夜は仕事に行けないと断る。だから、今日の夜に修理に来いとは言わないんだ」

彼は微笑みながら、そう僕に言ったのです。

「どんなものにも事情がある」は、別の言葉で言うと「多面的に考える」ということです。

一面だけではなく、多面的に考えるのです。

テレビ番組や新聞で、有名大学の大学教授がトンチンカンなコメントを出している時があります。マスコミは、大学教授だから正しいことを言うと思っていますが、大学教授が社会問題にピントを外《はず》れたことを言うのは不思議なことではありません。外交問題の専門家に、教育問題を聞いても無理です。経済の専門家に流行の話題を振っても答えられません。

ノーベル賞を受賞した人でも、物理学は語れても平和問題は語れないというのは、当り前のことなのです。

偉い大学教授はなんでも答えられる——それは一面的な理解です。賢いのに、ファッションがダサい人は普通にいます。だからダメなのではありません。賢さとファッションは別というだけです。

すごく優しいけれどバカな人もいます。仕事ができるけれど片づけられない人もいます。すごくセクシーだけど意地悪な人もいます。ものすごく親切だけど弱い人もいます。すごく鋭いけれどだらしない人もいます。

人も物事も一面だけでは捉えられないのです。

どんなものにも事情があり、それを多面的に考える癖をつけるのです。

逆に言えば、一面的に答えを教えてくれるものは、たいてい、うさん臭くてあやしいと思っていた方がいいのです。

風水や占いや血液型や星座や教祖など、一面的にすぱーんすぱーんとあなたのやるべきことを教えてくれるものは、じつに気持ちよくて、頼りがいがありますが、とても危険です。

現実は多面的です。問題は複雑で、利害関係は入り組み、事情は込み入っていて、解決方法も簡単には思い浮かびません。大学教授でも専門家でも、分野や専門が違えば、的確なことは言えないのです。そんな多面的な現実に対して、じつに分かりやすい一面的な方法が有効だとはあまり思わない方がいいのです。

話半分に占いを聞くとか、遊びで風水をそろえてみる、なんてことは、息抜きだったり精神衛生上、いいのかもしれません。けれど、それに頼りきりになり、すがるようになるのは、なるべくさけた方がいいと思います。すがってしまうのは、一面的にしか考えてないということです。

多面的に考える癖をつけましょう。物事の表と裏を想像します。どんなものにも事情があると思って、その事情を考えます。

幸福にたどり着く道は、占いではなく、考えることなのです。すがることではなく、考えることなのです。頼ることではなく、考えることなのです。幸福をつかむためには、考えるしかないのです。

幸福のヒント

- 何ごとも、多面的に考える癖《くせ》をつける
- たくさん本を読んで、考えることから逃げない

45 小さな喜びを集める

もし、イギリスの自己流ガーデニングの女性が、自己流の料理も好きだったとします。そして、家族に食べさせるのがなによりも喜びだったとしたら。

そして、じつは、推理小説の大ファンで、毎週一冊、近くの図書館から借りてきて、花が咲き乱れる庭で読みふけることが何よりも至福の時間だとしたら——。

彼女は、自己流ガーデニングだけをしているより、何倍も幸福なのではないかと思うのです。

幸福は、なにも「強烈なひとつ」である必要はないのです。小さな何かがたくさん集まることも、幸福につながると思います。

問題は、小さいこともあなたが「それを幸福だと思う」と決められるかどうかです。

「こんなちっぽけなものを幸福だとは感じない」「幸福だと思いたくない」としてしま

っては、小さな「何か」をいくら集めても意味はないのです。

でも、幸福の総量を増やす方法としては、たくさんの小さな幸福を集めること、つまり幸福と感じる源泉をたくさん用意することは、じつに実践的なことなのです。


あなたは「仕事をすること」を幸福だと感じたとします。会社でバリバリと仕事をする時、自分は幸福だと感じると思ったとします。

それはとても素敵なことですが、たったひとつ、強烈な幸福しかない、ということに僕は心配になります。突然配置換えになったら、リストラにあったら、突然会社がつぶれたら、あなたは一気に幸福を失ってしまうのです。

そういう時、仕事と並行して、趣味の幸福があったら。友達とツーリングに行く幸福、趣味の絵を描く幸福、歌を歌う幸福。あなたの幸福は、とても充実しているように感じます。


僕は俳優を目指す人に、「人間以外で気分転換できるものを見つけなさい」とアドバイスします。

俳優業で苦しんだ時、たいていの人は、恋人や家族に救いを求めます。グチを聞いてもらったり、演出家に怒鳴られたことを慰めてもらったり、ライバルに追い抜かれて仕事を取られたことを泣いて訴えたり、します。でも、そういう時に限って、恋人も仕事で大変なことが起こっていたり、家族は「もういい加減、夢から醒めたら」なんて言ったりするのです。

人間を慰め《なぐさ》の手段にしてしまうと、肝心な時に、こっちが慰めて欲しいのに、逆に慰めなくてはいけなくなったりします。それでは、ここ一番、本当に頑張らないといけない時、なかなか、頑張れないのです。

そういう時、「ピアノやギターなどの楽器を弾く」とか「絵を描く」「釣りをする」「テレビゲームをする」というような、人間を相手にしなくても、気分転換できたり、幸せな気持ちになるものを用意しておくと、ずいぶん、助かるのです。

それはつまり、たくさんの喜びを集めておく、ということです。そして、「俳優をする」という大きな喜びの周りに置くのです。

なぜなら、「俳優をする」ということは、時には喜びだけではなく、悲しみや苦しみをもたらすからです。

幸福に対する考え方も同じです。

たったひとつを求めないで、小さなたくさんを考えるのです。小さなたくさんが、一杯見つかれば、それは素敵なことなんじゃないかと思います。

幸福のヒント
・小さな喜びをたくさん見つけよう
・いろんな人の「小さな喜び」を聞いてみよう

おわりに

この本を書いている間、僕は幸せでした。それは、ずっと「自分にとって幸福とは何か？」を考えていたからだと思います。こんな気持ちになるとは想像もしていませんでした。

発見がたくさんありました。夜寝る時、翌日のお昼に何を食べようかと考えて、ワクワクしている自分に気づいて驚きました。

いつものあのお店でうどんを食べるか、あの店でラーメンを食べるかと、フトンの中で心が小さく踊っていました。

今まで、そんなことはありませんでした。「楽しいこと」「肯定」「喜劇」にフォーカスを当てて、いろいろと探し始めた結果、「楽しいこと」「肯定」「喜劇」に敏感になっていたのです。

青空を見上げるだけで、心がわき立ちました。

今まで、ここまで心が解放されたことはないと思いました。「ああ、青空ひとつでも、こんなに幸せになれるんだ」と僕は思いました。

コンビニで、新しい飲物を買ってみました。不思議な味でしたが、いつもの自分とは違う小さな経験に小さくドキドキしました。

いつもの道とは違う道を歩いて自宅から駅へ行きました。珍しい名字の表札を見つけて、クスリと微笑みました。仕事で強張った心が少しほどけました。

道端に花を見つけました。なぜか、懐かしい花だと感じました。ふと、小学生の自分を思い出しました。忘れていた思い出も蘇《よみがえ》りました。少し泣きそうになって、甘酸っぱい思いに幸せでした。

「もうだめだ」と思わずつぶやきそうになった時に「いや、大丈夫」と声に出し、「0か100かではなくて、これはせめて68点ぐらいを目指そう」と、大変な仕事を前に、踏ん張りました。それは、苦くも幸福な経験でした。

そして、「自分は何を幸せと思うのか?」ということに、ふんぎりをつけました。欲しいものはたくさんあるし、なりたいものもたくさんあるし、したいこともたくさんあるけれど、順番をつけました。

何かを一番にすることは、何かを二番にすることだし、何かを得ることは、何かを捨てることだと、あらためて腹を括《くく》ったのです。

この本を書くきっかけをくれた、元担当編集者の永井仁高氏と現担当編集者の小宮久美子女史に感謝します。

ここに書いた45のヒントが、あなたにとって「自分は何を幸福と感じるのか？」にたどり着く手助けになるのなら、僕はとても幸福です。

焦らず、ゆっくり、少しづつ、45のヒントを利用しながら、見つけていってもらえたらいいと思います。

あなたの幸福を決めるのは、親でも恋人でも友人でも家族でもお金でも上司でも教祖でも占いでもありません。

あなたの幸福を決められるのは、あなただけなのです。

文庫版あとがき

45の幸福になるヒントを書きましたが、すごく当り前で大切なことを書いてないことに、今回、文庫化にあたって読み返して気付きました。

46「無理にでも順番をつける」

問題が起こった時や、人生の難問にうんうん唸っている時や、不安のピークにいる時は、「何が一番大切か」ということを見失いがちです。

「今、何をすることが一番求められているのか」とか「自分は何を一番大切だと思っているのか」とか「一番大事にしなければいけないことはなにか」が決まれば、じつは、問題の半分は解決したと考えていいと僕は思っています。

そんなオーバーな、と思うでしょうか？

僕は演出家という仕事柄からか、よく相談を受けます。

迷っている人は「これをしなきゃいけないし、でもこれもしなきゃいけないし」とか「これをしたいんだけど、でもこれもしたいし」と混乱しています。

その時、僕はただ「あれとこれ、どっちが大切なんですか?」「どっちをしたいですか?」「どっちが好きですか?」と、比較して聞きます。

初めのうちは、「そんなの両方だよ」「どっちも大事なのよ」と迷っている人は反発します。

でも、「両方ともがまったく同じじゃないでしょ?」「ほんのちょっとでも、より大事なのはどっちですか?」と聞き続けるうちに、「そうだなあ。どっちだろう……」「そりゃあ、どっちかって言うと……」と、考え始めるのです。

やがて、しばらくすると「どっちかって言うと、こっちかな」「こっちが大事なような気がするなあ」と言い出すのです。

すると、あんなに混乱していた状況が見えてきます。何がなんだか分からなかったり、ただただ不安なだけだったり、幸せになんかなれないとグチっていたりした不透明な風景が少しづつ、クリアになっていくのです。

もちろん、それで問題が解決するわけではありません。

ですが、これは、問題を解決するための重要な一歩です。これでやっと、問題を解決する努力が有効になるのです。

「一番大切なこと」が明確になれば、そのことに集中できます。そのことを実現するために何をしたらいいか、そのことを阻害していることを取り除くためにどうしたらいいか、そのことを実現するために何を後回しにしたらいいかが分かるのです。

順番がつけられない人は、とにかく努力します。あれもこれもがんばり、あたふたして、必死になります。たくさんの荷物を抱えて、いろんなことを同時にやろうとして、結果的にうまくいかないのです。

順番をつけることは、切り捨てることとです。

それは、一瞬、悲しくせつないことに感じますが、じつはとても前向きなことなのです。

なにがなんだか分からなくなったら、とにかく順番をつけて下さい。

三番目や五番目までつけられなくていいです。とにかく、一番目を決めます。

「なにが一番、大切なのか」

シンプルですが、幸福を見つけるとても効果的なヒントです。

この本を書いたのは、ＢＢＣの自己流ガーデニングの女性を見たからですが、じつは、もうひとつ、理由がありました。

僕はもう35年以上、演劇をやっています。

始まりは早稲田大学の演劇研究会という所でした。

今も昔も早稲田大学には劇団がたくさんあります。

そこには、絶対にプロになるぞという野望に燃えた若者が何人もいます。もちろん、僕もその一人でした。

本当にたくさんの野望に満ちた若者と出会いました。一緒に芝居を作ったりもしました。

残念ですが、彼ら彼女らの多くは、プロの俳優になることはできませんでした。

早稲田大学だけではありません。俳優になりたい人達は、日本では何万人もいます。ひょっとしたら、もっと多いかもしれません。

その中で、プロの俳優になれる人は、ほんの少数です。９割以上の人は、夢を実現できません。

僕は演出家を35年以上やっているので、俳優志望者や俳優と本当にたくさん出会いました。

25歳や30歳で俳優の夢を諦めた人をたくさん見てきたのです。

俳優になったのに、仕事が続かず、辞めざるを得ない人もたくさん見てきました。

一言で言えば「夢を諦めた人」です。それは、不幸な人と思われがちです。

でも、25歳や30歳で俳優の夢を諦めたとしたら、残りの人生の方がうんと長いのです。残りの時間を、「夢を諦めた人生」で送るのは、あまりに悲しいし、もったいないし、理不尽です。

「夢を実現した人」は幸福で、「夢を実現できなかった人」は不幸、なんて簡単な構図で人生が分類できるわけがない、と僕は思います。

「俳優を辞めた」ということは、ひとつの夢から別の夢に移ったということかもしれないし、人生に対する態度を変えたということかもしれません。

幸福は、そんなに単純なものでも、簡単なものでもないと思っているのです。

だいいち、プロの俳優になったら、無条件で幸福になるわけではありません。プロの俳優になって、不幸になった人も当然います。

ですから、人生の最初の夢を諦めることが、人生の幸福そのものを諦めることではない、ということを伝えたくてこの本を書いたのです。

この本がヒントになって、あなたが幸福に少しでも近づけることができたら、僕は本当に幸福です。

楽しみながら、「自分にとって幸福とは何か?」を探して下さい。成功と幸福を祈ります。んじゃ。

本作品は小社より二〇一五年九月に刊行された『幸福のレッスン』を改題し、加筆修正して文庫化したものです。

鴻上尚史（こうかみ・しょうじ）

1958年愛媛県生まれ。早稲田大学法学部卒業。在学中に劇団「第三舞台」を結成、以降、作・演出を手掛ける。1987年「朝日のような夕日をつれて」で紀伊國屋演劇賞、1992年「天使は瞳を閉じて」でゴールデン・アロー賞、1994年「スナフキンの手紙」で第39回岸田國士戯曲賞、2009年「グローブ・ジャングル」で読売文学賞戯曲・シナリオ賞を受賞する。現在は「KOKAMI@network」と「虚構の劇団」で活動中。また、舞台公演のかたわら、小説家、エッセイスト、など幅広く活動中。NHK BSの「cool japan 発掘！かっこいいニッポン」では、2006年の番組開始から司会者を務める。

主な著書に『不死身の特攻兵――軍神はなぜ上官に反抗したか』（講談社現代新書）、『孤独と不安のレッスン』『コミュニケイションのレッスン』（以上だいわ文庫）、『そんなとき隣に詩がいます』（谷川俊太郎との共著、大和書房）など多数。

だいわ文庫

幸福《こうふく》のヒント

著者　鴻上尚史《こうかみしょうじ》

二〇一八年一〇月一五日第一刷発行
二〇二一年二月二〇日第二刷発行

発行者　佐藤　靖
発行所　大和《だいわ》書房
東京都文京区関口一―三三―四 〒一一二―〇〇一四
電話 〇三―三二〇三―四五一一

フォーマットデザイン　鈴木成一デザイン室
本文印刷　信毎書籍印刷
カバー印刷　山一印刷
製本　ナショナル製本

ISBN978-4-479-30728-0
乱丁本・落丁本はお取り替えいたします。
http://www.daiwashobo.co.jp